日本企業はなぜ「強み」を捨てるのか

増補改訂版『日本〝式〟経営の逆襲』

岩尾俊兵

光文社新書

はじめに：日本が失った経営

「ヒト優位の経営」と「カネ優位の経営」

経営者の孤立と従業員の困窮、一見すると**正反対のふたつは実は同根の問題**である。

さらに、平成時代を通じていっこうに上がらなかった賃金、低成長が続くＧＤＰ、低生産性、イノベーションの不活性化、相次ぐ金銭目的の犯罪行為、日々の仕事を縛る名ばかり管理……日本を取り巻く一見無関係に思えるこれらの問題もまた共通の原因から発生しているとしたらどうだろうか。

これらの問題はすべて**「経営の知と心の社会的な偏り（社会の中でほんの一部の人たちが経営知識と経営意識を独占すること）」という同じ原因から生じている**と考えられる。

経営の知と心が一部の人に独占されてしまうからこそ、経営人材ではない多くの人の賃金は上がらず、経営発想が生まれないためにＧＤＰも低成長にとどまり、イノベーション実現のために協力し合えず、価値創造から金銭を得る方法が分からずに犯罪に手を染める人が増え、他者の力を引き出す経営ではなく他者を監視する名ばかり管理がはびこる。

これに対して、過去の日本式経営は、少なくとも理念型・理想型としては、「すべての人が価値創造の主役」と考えて、この「経営の知と心の社会的な偏り」をなくす試みだった。

過去の日本の経営においては、**名実ともに価値創造の主役はカネではなくヒト**だった時期がある。その背景にあったのは、**昭和という「インフレ下の経営」**である。

ここで、インフレとは、相対的にカネの価値が下がりヒトやモノの価値が上がることを指す。反対に、デフレとは相対的にカネの価値が上がり、ヒトやモノの価値が下がることを指す。振り返ってみれば、**平成の経営は、デフレという、カネ優位の時代におけるヒト軽視の経営だった**のである。

昭和のインフレ下における経営の「大転換」

このとき、ユタ大学ジェイ・B・バーニー教授のリソース・ベースト・ビュー（RBV）が予測する通り、**希少・貴重な資源を集める企業が経営戦略上も優位に立つ**。だからこそ、**高度経済成長期のインフレ下の経営では「（希少資源である）ヒトに好かれる経営」が正解だった**といえる。

たとえば、戦後の日本経済の急成長は慢性的な人手不足をもたらした。そのため、**人材という希少資源を囲い込むことが企業の競争優位につながった。**そこで生まれたのが、終身雇用・年功序列・企業別労働組合といった日本的経営の諸制度だったと考えられる。

労働者もまた、戦前・戦後の10年で「最も頼りになる資産は自己の労働力だ」と確信する根拠があった。終戦の前後5年の10年間で日本の労働者の賃金が約１８１・４倍（公益財団法人 連合総合生活開発研究所『日本の賃金：歴史と展望 調査報告書』）になる一方、株価や地価はせいぜい10倍から１００倍にしかならなかったためだ（明治大学株価指数研究所『兜日本株価指数』、日本銀行統計局編『明治以降 本邦主要経済統計』）。

こうして、**企業経営者・資本家の側にも、**一般従業員・**労働者の側にも、「ヒトこそが貴重な資源だ」という意識が芽生えた**わけである。だからこそ、**ヒトが価値創造をおこなう上での障害を取り除くのが経営**だという意識が浸透した。経営者は、**ヒトという貴重な資源を無駄にしない**ように、無駄な労力を使わせるだけの仕事を減らし、ヒトが価値創造に集中できる状況を作り上げていった。

さらに、日本企業は、様々な人材育成施策、ＯＪＴ、ＱＣサークル活動、改善活動等といった「すべての人に開かれた経営教育」を通じて、経営知識と経営意識の格差という価値創造の障害さえも取り除いた。

組織内で経営知識と経営意識を高く持つ人とそうでない人が偏在すると、仕事は「自分たちには関係ない、あいつらがやること」という感覚が蔓延する。それにより組織内に摩擦が生まれ、**人間同士のいがみ合いが価値創造の障害となる。**

この状況を、過去の日本式経営は、**組織内のすべての人に経営知識と経営意識を浸透させることで克服した**のである。

「ヒトよりカネ」の似非《えせ》世界標準経営からの脱却

だが、その後の日本には**「ヒトよりもカネが大事」な似非世界標準経営**が広まった。

現代の日本では、コーポレート・ガバナンスの仮面のもとに、カネを守るためにヒトにムダな書類を作らせ、ムダな時間を使わせ、ムダな監視をするといった、**経営とはいえない「名ばかり管理」が横行**している。成長のために真に必要なコーポレート・ガバナンスの理念を曲解した管理が蔓延《はびこ》っているのである。

反対にアメリカをはじめとする海外では、たとえば**「心理的安全性」や「ティール組織」等の議論にみるように、ヒトを大事にする経営への志向が強まっている**にもかかわらず、である。その意味で、日本において流行するアメリカ式経営は「似非」世界標準、「似非」アメリカ式経営に過ぎない。

その証左として、本編で詳しくみていくように、過去の日本式経営の強みは、今ではGAFAM（グーグル、アップル、フェイスブック［現：メタ］、アマゾン、マイクロソフト）をはじめとした世界的企業に取り入れられている。こうして、日本企業は日本式経営を自己破壊するどころか、ときには**諸外国から日本源流の経営コンセプトを逆輸入**することさえあった。

日本の主流派が「カネよりヒト」から「ヒトよりカネ」の経営に変わったことで、**経営者にとっての従業員は「同じ経営人材として経営者と一緒に価値を付加する仲間」ではなくなった。**経営知識と経営意識が共有されていないから、経営者と従業員が仲間ではなくなる。こうして経営者は孤立し、従業員は仲間として尊重されずに困窮する。「経営を一緒に考えられる仲間がいない」と嘆く経営者も、「経営者が自分を尊重してくれない」と悩む従業員も、どちらも**経営知識と経営意識の組織内での偏りによって生まれている**のである。

今こそ、日本に住むすべての企業人は、「日本式経営の自己破壊・逆輸入」の弊害を認識すべきだ。なぜなら、日本式経営の自己破壊・逆輸入は、**「強みを捨て、弱みを取り入れる」という完全な愚行**であり、日本企業の存続を危うくするからだ。

もちろん、すでに日本式経営の自己破壊・逆輸入という状況に漠然と気付いていたという方も多いと思われる。だが、そうした方々にも本書が役立つはずである。なぜならば、**本書はそうした方々がもつ漠然とした違和感に明確な理論づけ**をおこなっており、**日本式経営の自己破壊・逆輸入に反論する際の論拠を提示**するからだ。

日本式経営の強みを取り戻すことで、解決不能のように見えていた対立が解消され、すべての人が豊かに暮らしながら、日本企業の生産性も高まるという未来がありうるかもしれない。この対立解消のためには、①日本式経営の強みの本質を再確認し、②日本式経営の自己破壊のメカニズムを認識するという、2段階が最初の一歩になる。

このように考えれば、本書が提起する問題は、経営者から従業員まで、本来は**すべての企業人が無関係ではいられない**はずである。

本書の三つの重大な欠陥

最後に、通常の書籍の営業戦略に逆らい、本書の三つの欠点を挙げておきたい。その方が読者の皆様に対して誠実であるし、こうした欠点を正直にさらけ出す方が、誤解と紛争という不幸を避けられるだろう。

第一に、**本書は日々の仕事に役立つ安易な経営上の「答え」を提示しない**。むしろ**本書は、「問い」の書である**。すなわち、営利・非営利組織の経営における重要な問題提起を主目的とする。もちろん、本書は問いへの答えにいたる道筋を明らかにするが、それは豊かさへの道であると同時に困難な道でもあるだろう。

第二に、**本書は国内外の経営実践や経営理論を手軽に紹介する教科書でも、それらの普及過程を詳述する歴史書でもない**。本書における経営実践・経営理論は、議論の素材にすぎない。本書はそれらを題材に**大局的な見方を提示する警鐘の書**である。個々の経営実践・経営理論の裏事情に本書の記述と一部異なる部分があろうと、本書の論旨には影響しない。なぜなら、本書の議論の傍証は日本企業の中に無数に存在するからだ。

第三に、**本書は現代の日本企業を手放しに礼賛して安直に勇気づけない**。むしろ**本書は、現代の日本企業の弱点を明らかにし、真剣な反省を迫る**。そして、「強みを捨て、弱みを取り入れる」という誰の目から見ても明白な経営上の間違いを引き起こすメカニズムの正体を解明する。

こうした重大な欠陥がある書を世に出すという危険をおかしたのには理由がある。それは、**日本に住む人々の大多数が何らかの組織に属し、その組織の経営の巧拙によって生活を左右されて**

いるにもかかわらず、**肝心の日本の経営が自己破壊され続けている**ことに警鐘を鳴らすためである。

それでもなお本書に美点があるかどうか、読者の皆様の評価を待ちたい。

なお、**本書の内容は自由に要約・紹介していただいて構わない。書影や各ページの画像、図表などについても、筆者は著作権を一切主張しない。**もし本書がすこしでも現状に対する動揺を引き起こしたとしたら、それをSNS、チャット、ブログ等で周囲にも伝えていただけると、これ以上なく幸甚である。

日本企業はなぜ「強み」を捨てるのか　目次

第2章

第3章　経営技術をめぐるグローバル競争時代を生き抜くために　133

第4章

長年にわたる日本企業の強みもメイド・イン・アメリカに？　175

第5章

最新シミュレーションで日本の経営技術をよみがえらせる 219

第6章 コンセプト化とグローバル競争の先にある未来

0

序章
日本の経営をめぐる悲観論は正しいのか

日本企業はなぜ「強み」を捨てるのか

世界的な企業家たちが、過去から現在にいたるまで、日本の経営に注目し続けている。

たとえばあのアマゾンの創業者で、いまや世界有数の大富豪でもある**ジェフ・ベゾスは、日本の経営から現在でも多くを学んでいると公言している。**

そんな主張に触れると、この本を手に取っていただいた方の多くは「そんなバカな」という反応をされるだろう。

なぜなら昨今よく聞く言説とは真逆の主張だからだ。

そんなわけないだろう、日本の経営は世界と比べて遅れているのだから、というのである。

その反対に、アメリカと日本の関係を長期観察してきた実務家や一部の研究者など、ごく少数の方々からは「世界的な企業家が日本の経営に注目しているなんて、そんなあたりまえのことを、何をいまさら」という反応があるかもしれない。

だが、**流行りの言説に騙されず、現状をきちんと認識しないと、日本企業にとってきわめて現実的なデメリットがある。**流行に右往左往することで企業経営の土台が危うくなる、あるいは本来得られた利益を逃す。これは、企業経営者、リーダー、従業員、コンサルタントなど日本に住むすべての人にとって不幸をもたらすだろう。

その意味で、日本の経営は、今、危機の真っただ中にある。日本企業が自らの強みを捨てている一方で、世界がそれを虎視眈々《たんたん》と狙っているからだ。

実は、現存する世界的なコンサルティング・ファームのいくつかも、その創業期には日本企業の調査研究をおこない、日本企業から経営を学んでいたことがある。むしろ、それらの企業は、当初は日本の経営を研究するために設立された節さえ一部あるのだ。

たとえば、コンサルティング業界のリーディングカンパニー、ボストン・コンサルティング・グループ（ボスコン、ＢＣＧ）の創業者ブルース・ヘンダーソンは、トヨタ生産方式について研究していた時期があった。ヘンダーソンは、１９８６年に「The logic of Kanban（カンバン方式の論理）」という論文を『Journal of Business Strategy』誌に発表しているほどだ。

ＢＣＧといえば、マッキンゼー・アンド・カンパニーと並んで世界トップの一角を担う、戦略系コンサルティング企業である。その**ＢＣＧ創業者の関心の一部が、少なくとも当初はトヨタ生産方式の理解に向けられていた**のだ。

これに関して、ＢＣＧの日本採用第一号だった三枝匡《さえぐさただし》氏が、『戦略プロフェッショナル』（ダイヤモンド社、後に日経ビジネス人文庫）の中において、興味深い指摘をしている。それによれば、１９６０年代からの30年ほど、ＢＣＧなどアメリカの主要なコンサルティング・ファームは、日本の経営ノウハウを商売上「売れる」材料とみなして、アメリカやヨーロッパに売り込んできたという。

そもそも、ＢＣＧがボストンの次に設立した支部は、１９６９年に設立された東京オフィスである。そして、ＢＣＧ創業メンバーで東京オフィス初代社長は、「日本的経営の三種の神器（従業員の一生涯にわたる企業へのコミットメントを引き出すために用いられる終身雇用、年功賃金、企業別労働組合などの諸制度を指す）」という概念を提示し、日本的経営の研究を生涯追究し続け、後に日本国籍をも取得した、ジェームズ・アベグレンだ。

実際に、**ＢＣＧの初期の調査には、戦後の日本企業の躍進についてのものが多い。**そして、そうした調査の中で生みだされていったのが「経験曲線効果（累積生産量が2倍またはn倍になるたびに一定の割合で単位当たり総コストが低下する現象）」や「プロダクト・ポートフォリオ・マネジメント（経験曲線効果を前提として、事業を、成長率と市場シェアとを使って、花形・問題児・負け犬・金のなる木の四つに分類して資金の流れを考える経営戦略フレームワーク）」だった。

一般的には、ＧＥ（ゼネラル・エレクトリック）社といったアメリカ大企業との共同研究から生まれたとされるこれらのコンセプトも、急成長する日本企業が念頭にあった可能性がある。

たとえば、本書で後に登場する、ＢＣＧが１９７０年代におこなったホンダの海外進出についての調査などは、これらのフレームワークが活用された代表例である。また、現在ではＢＣＧ発のフレームワークとして喧伝される「タイムベース競争」にいたっては、明確にトヨタ生産方式からの応用である。

このような主張に触れたところで、「いや、そんな昔の話をされても」とか「過去には日本企業も頑張っていた時期があるかもしれないが、現在はすべてにおいて遅れているのだ」といった反論の声が聞こえてくるだけかもしれない。

しかし、冒頭のアマゾン創業者ジェフ・ベゾスの「カイゼン」への取り組みなど、本書を最後まで読んでくだされば、こうした反論が正しくないことが分かるだろう。**世界的に活躍する企業家も、外資系コンサルティング・ファームも、過去から現在に至るまで、日本の経営から学び続けている**のである。

それにもかかわらず、日本の経営に対しては、先述のように海外からは今でも高く評価されている一方で、**国内では悲観論や自虐がはびこっている状況だ。**

このような状況が生じる一因は、世の中において「経営成績」と「経営学」と「経営技術」とがいっしょくたに評価されてしまっていることにある。

ここで、経営成績とは、ビジネスに対する一時点での金銭評価であり、時価総額や売上高や純利益額によって表現されるものだ。

それに対して経営学とは「なぜ○○という企業の成績は他社よりも優れているのか」や、そこから派生するさまざまな疑問(「そもそも企業とは何か」「人が協働する土台は何か」「なぜ一部の会社のみイノベーションを連続して引き起こせるのか」等々)に科学的にあるいは哲学的に答えるものだと、ひとまず定義できるだろう。

ここで述べた三つの概念の中でも、経営技術という言葉は一般的ではない。

それというのも、経営技術という概念は、本書で新たに提唱するものだからである。といっても、この「経営技術」概念自体に新規性はあまりない。単に、混乱している現状において、日本企業の強みを正しく認識するのに便利であるため、本書において提案する言葉である。

ここで、経営技術とは「経営に関する手法そのものと、その手法自体を生みだすための実践的な思考フレームワーク」としておく。ようするに経営手法とその手法を生みだす知の体系、知的技術体系ということだ。上手く経営をおこなうための技術知識と表現してもいい。

　そして、本書が「世界的な経営者たちが日本の経営に注目している」というとき、真に主張していることは、世界的な経営者たちが日本の経営技術に注目している、ということだ。

　それではなぜ多くの方はその反対の主張にばかり触れてしまうのか。

　その理由の一部は、すでに述べた通り、**経営という言葉の中に「経営成績」的なものや「経営学」的なものが含まれている**からだ。

　経営成績を時価総額という視点から見れば、バブル崩壊以降続く経済低迷期において、日本企業はアメリカ企業に対して「ボロ負け」を続けてきた。

　また、経営学の世界も現在はアメリカが覇権を握っている状態である。経営学のアメリカ化を進めたイギリスや香港、シンガポール、中国などがアメリカに追随していて、日本はアメリカ経営学という視点からは「遅れている」ということになる（なお経営学には、大きな潮流だけでも、アメリカ経営管理学・行動科学的なものとドイツ私経済学・経営経済学的なものがある。そのため、本来は歴史的にも前者のみが正統な経営学というわけではないことには注意が必要である）。

　こうした事態を反映してか、近年、世界標準の経営学に再度注目が集まっている。

　たとえば街の書店には、今日もアメリカ発のコンセプトを扱ったビジネス書が平積みされているだろう。**アメリカ的な経営学は一種のブームの最中にある**といっていい。それと同時に「日本の経営学は遅れている」あるいは「日本企業の経営は遅れている」という声があちこちできかれるようになった。

そうすると、日本企業は経営成績も悪いし経営学でも遅れている、**だから日本の経営はダメなんだ、すべてをアメリカから学ぶんだ、という結論に飛びつきやすくなる**わけである。

筆者の周囲を見渡してみると、特に外資系コンサルティング会社に所属する人にこの傾向が多いようだ。そうした企業は、母体が欧米（ほとんどはアメリカ）にあるため、本社からの影響を考えれば、当然の結果なのかもしれない。

もちろん、日々に満足してしまって向上心を忘れてしまうよりは、**ある程度の危機感**があった方が健全だろう。

その一方で、冒頭で述べたように、アマゾン創業者のジェフ・ベゾスといった世界的企業家が日本企業の経営技術から多大な影響を受けていると公言していることは、一般には知られていない。世界をリードしている経営者をはじめとして、**海外の実務家のうち慧眼の持ち主は、日本企業がつちかってきた経営技術を虎視眈々と狙っている。**

こうした状況は、経営実務の世界だけでみられるわけではない。

たとえば昨今流行しているハーバード大学のマイケル・タッシュマン教授とスタンフォード大学のチャールズ・オライリー教授の「両利きの経営」というコンセプトをご存知だろうか。これはスタンフォード大学のジェームズ・マーチ名誉教授によるシミュレーション研究などいくつかの源流から生まれたコンセプトであり、企業が既存の能力・知識を高めることと、新たな分野に進出して新たな能力・知識を獲得することを同時に追求することを指す。

しかし、この両利きの経営のコンセプトに対して、少なくとも部分的には、日本のカイゼンに関する研究が影響してきたことは、あまり語られない。たとえ語っても無視されてしまうといってもいい。タッシュマン教授とオライリー教授自身が、カイゼンについてきちんと論文で触れているのに、である。

こうしたことはほんの一例にすぎない。

アジャイル開発、リーン・シンキング、リーン・スタートアップ、フロントローディング、ボトルネック。日本の経営実践が源流にありつつもメイド・イン・アメリカのコンセプトとして日本に受け入れられているものは多々ある。

最近流行りのものでいえば、オープン・イノベーション、ユーザー・イノベーション、デザイン思考なども、アイデア創出段階において日本企業や日本の経営実践が一部影響している。昨今、日本企業に必要だとされる「プラットフォーム戦略」なども、ゲーム機競争におけるソニーや任天堂の経営が理論発展に貢献した部分があった。

それにもかかわらず、日本の経営は一方的にかつ全面的に、さらには圧倒的に、「遅れている」という言説が流布されているのである。

このように述べると、今度は「日本の経営の優れている部分だけを切り出してきて、自己満足しているだけではないか」という批判もありうるだろう。しかし、本書は決して日本の経営を自画自賛する自己満足の書ではない。本書は、**日本の経営に関する全面的な悲観論が日本の経営そのものに負の影響を与える**可能性を指摘するが、同時に日本の産官学にも反省すべき点が確実にあると主張する。

日本の経営に関する悲観論によって、たとえば、次のような状況さえ起きている。

前述の外資系コンサルティング・ファーム勤務の知人と議論していたとき、やはり「日本企業は遅れている」という言葉が飛び出した。聞いてみると、日本の工場をみてそう思ったという。それではどうすればいいと思うかという筆者の質問に、「リーン生産にしなきゃ」というのである。

筆者が「リーン生産方式はトヨタ生産方式の英訳だ」と指摘すると（もちろん、リーン生産方式という概念の中には、アメリカにおいて変化した部分もあり、完全には一致しないとはいえ）、ポカンとしている。

それもそのはずである。リーン生産方式を提唱した最初の書籍である『The Machine that Changed the World』は、明確にトヨタ生産方式の研究をおこない、具体例としてトヨタの高岡工場などが登場する。しかし、その続編や解説本ともなると、一転してアメリカ企業の事例ばかりになるからだ。後続本の多くは、アメリカで読まれることを第一に考えた書籍であるため、あたりまえである。そして、彼が読んでいたのはこの後続本の方だったのだ。

これは単なる笑い話では終わらない。

日本の経営実践、経営技術を基にした**メイド・イン・ジャパンのコンセプトが、いつの間にかメイド・イン・アメリカになってしまい、再度日本に持ち込まれる。**

こうした、いわば**「経営技術の逆輸入」**という状況は、日本においてすでに一般的になりつつあるのだ。

実際に「経営技術の逆輸入が起こっている」という認識は、日本企業が絶頂期にあった1980年前後の日本企業において中核として働いていたという方には、なかば常識としてとらえられていることもある。そういった方々は、日本の経営技術がアメリカに摂取される場面を自らの目で見てきたためだ。カイゼンという日本語が世界のビジネスシーンにおいて一般的な単語になり、世界語としてオックスフォード現代英英辞典に収録されたのもこのころである。

しかし、それから40年以上の時が過ぎ、当時の中堅社員どころか若手社員さえも、今となっては定年退職してしまった。そのため、日本が世界の経営にどれだけ貢献したのかを知る人たちと触れる機会は、多くの人にとって、急速に減少している。

すると、「それで何の問題が?」という声がきこえてきそうだ。

世界のビジネスシーンでの流行り言葉が実は日本由来だと分かったところで、国威発揚くらいの意味しかないのではないか、という意見もありえる。「日本も本当はスゴいのだ」と反論したところで何の利益があるのだろうかという疑問はありうるだろう。しかし実際には、こうした**経営技術の逆輸入が、日本企業の経営に実害を生む**おそれがある。また、これによって本来ならば日本企業が得られていたであろう利益をみすみす逃してしまう状況も考えうる。

すなわち、実損失と機会損失の両方を生む可能性があるのである。

たとえば、ある企業の経営者が、アメリカで流行っているコンセプトを紹介した日本の書籍やコンサルタントに接して、「このコンセプトを自社の現場でも実践させよう」と決意したという状況を想定してみる。

　このとき、実はこのコンセプトは日本の現場においてすでに取り組まれていたばかりか、むしろ自社の現場のほうが先進的であったという場合もあるだろう。すると、無理をして海外由来のコンセプトを現場に持ち込んだ結果、本当はそれよりも先端を走っていた現場の知恵をむざむざ捨ててしまうことになりかねない。先端的な知識から本来ならば得られた利益を自ら捨てることになるのである。いわば**強みを捨てて弱みを取り入れるという愚行**に走ることになる。

　あるいはもっと単純に、コンサル費用がそのまま無駄になってしまうということもありうる。この状況で利益を得るのは、コンサルタントだけである。

　こうして経営技術の逆輸入的な状況は、**「本当に学ぶべきだった対象」を見誤らせてしまう**。本当は、日本以外からも学びつつ、日本の他社からも自社からも学ぶ、というのが健全なはずである。

　しかし、「日本は経営に関するすべてにおいてアメリカより劣っているはず」という思い込みによって、こうした健全な状態から遠ざかってしまう。このとき、貿易論の大原則からいっても、本当は「すべてにおいて劣る」ことなどありえないのだ。このことは本書を最後まで読んでいただければ分かるだろう。

その意味でも、本書はすべてのビジネスパーソンにとって無関係ではありえない。もちろん、研究者や政策立案者はいわずもがなである。

そろそろ「アメリカはずるい！」という声もきこえてきそうだ。

しかし、アメリカがずるいのではない。こうした状況におちいってしまうのは根底に、日本の産官学にはある種の「弱点・弱み」があるためだというのが実情であろう。ここで大事なのは、いま世界で起こっている、**「経営技術のグローバル競争」というべき事態**を把握することだ。その上で、日本がどのような道に進めばよいのかについて正しく考えていく必要がある。

少々長くなってしまったが、こうした問題意識から書かれたのがこの『日本企業はなぜ「強み」を捨てるのか　増補改訂版日本〝式〟経営の逆襲』である。なおここで、この本のタイトルの意味と、想定する読者層についてあらかじめ触れておきたい。

まず、日本式経営というのは、ひとまずは日本発の経営技術という意味である。

そうであれば『日本発の経営技術の逆襲』というタイトルでもよいはずである。しかし、これを日本式経営の逆襲としたのには意味がある。もちろん、このままでは長すぎるし、内容が伝わりづらい、ということもある。

しかし、一番の理由は、本書には「日本の経営がもう一度世界で飛躍できるように」という願いが込められているためである。そのために、**本書を通じて日本に蔓延する根拠のない自信喪失感をまずは払拭《ふっしょく》**し、日本の経営への確かな自信に根差した**「正しい危機感」に変化**させたい。だからこそ、次に述べるように、やはり日本式経営の逆襲でないといけない。

すなわち本書は、日本の経営技術だけが再評価されることを目指しているのではない。日本の経営技術の強みを正しく認識したあとに、日本企業の経営成績も、日本の経営学も、世界にもう一度存在感を示せるようになることを願っている。そのため、やはり目指すべきところは総合的な日本式経営の逆襲にあるのである。

なお、これに関して、高度経済成長期には「日本的経営」という言葉が世界中から注目されたことがあった。

この日本的経営というのは、一般的には、終身雇用（ライフタイム・コミットメント）、企業別組合、年功制という三つによって支えられる日本の企業慣行を指すとされる。だが、本書でいう「日本の経営技術」とは、この特定の意味での狭義の日本的経営を指すのではない。そこで、日本的経営との区別のために日本「式」経営とすることにした。

このような狙いで執筆された本書であるが、想定読者層としては、日本企業で日々経営実践に取り組む方々、経済政策・産業政策の立案者、日系・外資系コンサルタント、実務志向の研究者や学生等を念頭に置いている。

そのため、学問的な間違いは極力避けつつも、科学的厳密さや哲学的思考の深さよりは、実際の経営実務にとって興味深いであろう内容と、より実践的な内容に軸足を置いている。こうしたことから、本書で取り上げる議論のより詳細で緻密な解説や学問的背景を知りたいという方には、適宜関連書籍を紹介していき、そちらを参照していただくようにしたい。

なお、筆者の専門領域は、主として生産管理およびオペレーションズ・マネジメントであり、そこからの派生として経営組織論、イノベーション論、ビジネスモデル論なども含んでいる。そのため、本書全体として製造業関連の比重が大きめになる傾向はあるだろう。

とはいえ**「経営技術の逆輸入」についての本書の主張は、製造業分野以外にも当てはまる**、抽象的な議論だ。

しかも、ここで取り上げた経営技術は、たとえもともと製造業から生まれたものではあっても、現在では情報通信産業やサービス業など広範に利用されているものが多い。もちろん、製造業以外から生まれた、日本発の世界的に注目されている経営技術についても、できるかぎり本書において順次取り上げていくつもりである。

こうして、さまざまな経営技術を取り上げていきながら、俯瞰《ふかん》的に「経営技術のグローバル競争」という状況を描き出す。これにより**「日本はいったい何に負けたのか」**について確認していくことができるだろう。

それとともに、日本発の、**日本式経営についてのコンセプトを世界に発信していく必要性**についても説明していく。

そうした発信の一つの例として「潜在的な問題解決の連鎖としてのカイゼン」「カイゼン・イノベーション」「イノベーションそれ自体のマネジメント」という考え方が紹介される。なお、本書において核となる「経営技術をめぐるグローバル競争状況」を図式化すると次ページの図1のようになる。

図の意味するところは次の通りである。

まず、図の左半分は日本であり、右半分はアメリカを代表とする「経営技術のコンセプト化が得意な諸外国」をあらわしている。このとき、すべての国のさまざまな職場・現場において、優れた経営上のノウハウや知恵（経営技術）が日々生みだされている。

図1　経営技術をめぐるグローバル競争状況

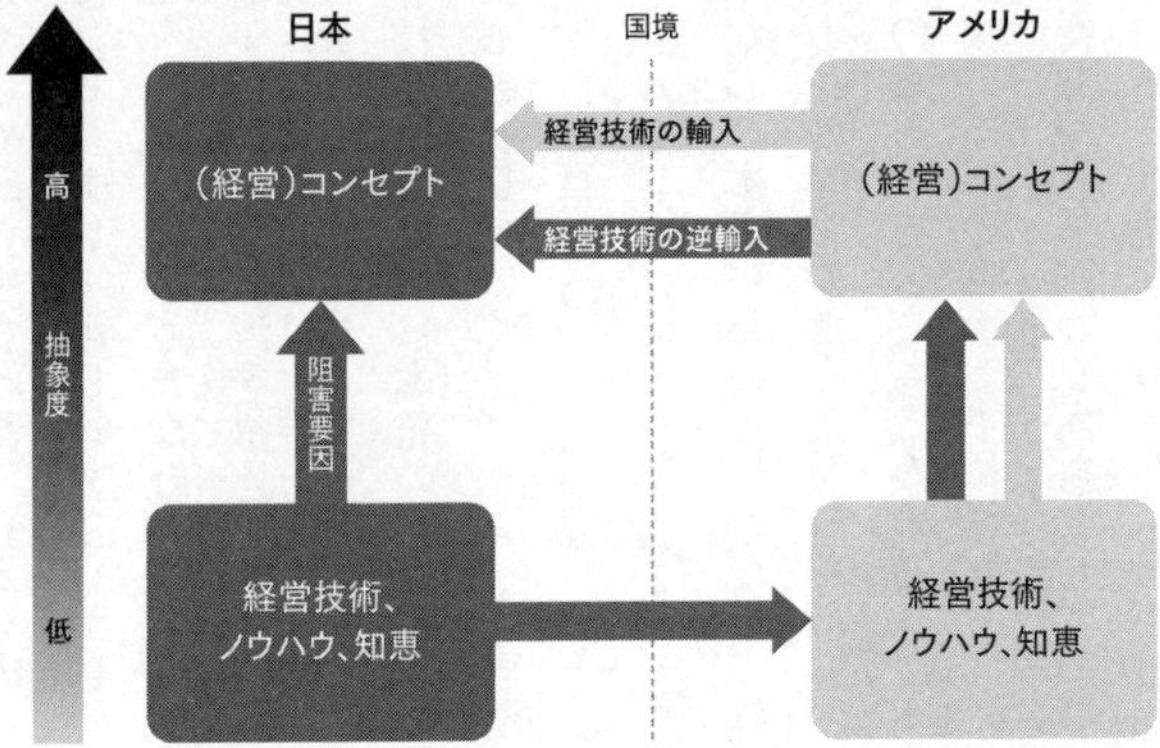

そうして生まれた、職場・現場・企業・地域・産業などの文脈に依存した個別具体的な経営技術は、**抽象化の度合いを高めることによって、文脈に依存しないコンセプトに変化させることもできる。**それぞれの国において経営技術からコンセプトへとのびている矢印は、この**「抽象度を高める行為」すなわち「コンセプト化」**を示している。

このとき日本の産官学には、抽象化やコンセプト化を阻害する要因が存在してきた。すなわち個別具体的な経営技術の抽象度を高めきれない理由があったのだ。詳細は本書で後述する。

ここで重要なのは、こうした阻害要因の存在によって、日本の経営技術がアメリカでコンセプト化され、それが再度日本に逆輸入されているという点である。このことを、国境を行き来する濃い色のついた矢印で表現した。

なお、この図1は本書全体の議論の根幹をなしているため、本書の各章の位置づけを確認する際などに、一部が改変されながら繰り返し登場することになる。


ここでもう一度強調しておきたい点として、本書は、**古き良き日本のすばらしさを語って、現実の厳しさを忘れようとするものではない**。すなわち、日本企業のすばらしさを一方的に語ることを目的にしてはいない。もちろん日本企業は最近いわれるほど遅れてはいないないし、遅れているとばかり認識する弊害も多い。しかしその一方で、日本の産官学が反省すべき点は確実にある。

一つには図1にもある**「コンセプト化」に阻害要因が存在してきた**という弱みである。日本の産官学が持つこれらの弱みがいかなるデメリットを生んだのか、またこうした弱みを克服することでどのような実際的なメリットがあるのか、日本の産官学の反省点は何か、については本書の後半で詳細に考えていく。

なお、コンセプト化・パッケージ化が弱かったのは日本企業だけではなく、筆者含めた研究者や、日本政府も同様である。ようするに日本の産官学全体の問題であった。この点も、現状で思いつく限りの処方箋らしきものを本書において探索していく。
本書は、こうした反省によって未来を切り開こうとする、未来志向の本である。
それではさっそく本題に入ろう。
まずは「逆輸入される日本の経営」からだ。

序章への補足：国際政治に翻弄された日本式経営

日本式経営は国際政治に翻弄されてきた。

平成元年ごろまでの日本は、アメリカにとって、ソ連に次ぐ仮想敵国とさえ言われていた。もちろん、軍事的には戦後の日本はアメリカと同盟関係にあった。だが、戦後の日本企業の大躍進による日米貿易摩擦は、日米「経済戦争」と表現されるまでに高まっていたのである。しかも、この経済戦争において日本はアメリカに圧勝した。戦後から２０００年頃まで、アメリカにとって最大の貿易赤字相手は日本であった。

こうした状況をアメリカが見過ごすはずはない。**アメリカ主導の「国際協調」によって、日本の産業の競争力は何度も叩き潰されてきた。**その代表的な例が、１９８５年のプラザ合意である。プラザ合意では、アメリカの呼びかけによって、イギリス、フランス、西ドイツ、日本は協調して円高・ドル安を目指すことに決まった。

円高・ドル安は日本で生産活動をおこなう企業にとって、（海外部品調達費等以外の）**国際的な生産コストの増加を意味し、輸出が不利**になる。それにより、当然ながら日本経済には打撃が見込まれる。しかし、日本政府は、アメリカ政府との関係改善や国際協調のために、**喜んで円高・ドル安に協力した**（岡本勉『１９８５年の無条件降伏』光文社）。

プラザ合意前に1ドル２４０円ほどだった円相場はわずか1年で1ドル１５０円を切った。これは、日本企業の製品・サービスが国際的に1・6倍の値段になったに等しい。日本経済はこの急激な円高に耐えられなくなり、日本政府はプラザ合意から1年半ほどで円安への国際協調を呼びかけた（ルーブル合意）。しかし、プラザ合意において日本が歩み寄った国際協調をあざ笑うかのように、**ルーブル合意は無視された。**

こうして日本はプラザ合意後の円高・ドル安を是正できず、反対にデフレで**国際的に強くなった円で海外に投資したり、円高不況対策の金融緩和に乗じて国内の不動産や株や国債に投資し**たりした。これが**バブルとその崩壊につながった**わけである。

すなわち、デフレによって円が強くなったことで、働かずにカネでカネを生むことが簡単にできるようになってしまった。それが**「ヒトよりカネが大事」な投資思考が蔓延する原因と**なったと考えられる。

こうして日本は「投資をするだけで製品・サービスを作らない国」に向けてひた走った。

だが、「ヒトよりカネが大事」ならば、それを管理するヒトはコストでしかない。日本の労働者は、価値創造の主役という立場から、**投資に付随するただの管理コストという立場に追いやられてしまった**のである。

しかも、デフレ下の経営では、実際にカネの価値が上がってしまった。そもそも、デフレの定義に「カネの価値が上がること」が含まれている。そのため、**希少資源となったカネに好かれる経営者、投資家受けのする経営者、生まれたときからカネに恵まれていた経営者が、経営上も成功してしまった**のである。

読者の皆様にとっても、「デフレ下の平成時代に名を上げた経営者」のイメージは、大組織を作り上げる人間味あふれるリーダーというよりも、知名度のわりには何の仕事をしているのかよくわからない投資家的なリーダーという印象があるのではないだろうか。

このように、**日本はインフレからデフレに大きく振れる中で、ヒトとカネの相対的な価値が入れ替わり、経営思考から投資思考へと集団パニック的に移行**してしまった。しかし、そもそも投資思考は大きな格差を生み日本の文化や制度と共存しえないものだった。だからこそ現代日本には多くの歪みが生まれているとも考えられよう。

なお、過去の日本の「カネよりヒト」な経営の優位性はアメリカ大統領にも認識され、日本の経営思想を取り入れたアメリカ企業を大統領が直々に表彰するマルコム・ボルドリッジ国家品質賞が創設されたほどだ。

さらに補足すれば、プラザ合意時の大統領はロナルド・レーガンであり、マルコム・ボルドリッジはその右腕として円高・ドル安を強硬に主張した商務長官だ。**アメリカは片方でプラザ合意や様々な協定で日本企業の成長の芽を摘みつつ、片方で日本企業の強みを冷静に取り入れていた**わけである。

1

逆輸入される
日本の経営

日本企業はなぜ「強み」を捨てるのか

第1章の要約

- ビジネス界隈《かいわい》で「流行り言葉」「バズワード」となっている経営コンセプトの中には、日本企業の経営実践・経営技術が源流の一つになっているものがある。
- 両利きの経営、オープン・イノベーション、ユーザー・イノベーション、リーン、アジャイル、ティールなどは、程度の差こそあれ、コンセプト創出段階において日本の経営技術が重要な役割を果たしている。
- それにもかかわらず、日本の経営はすべてにおいて全方面で一方的に遅れていると考えるのは、思考停止による「根拠なき悲観論」である。
- 根拠なき悲観論が蔓延する原因の一つは、ビジネス界隈での流行り言葉・バズワードの源流を指摘するという仕事が、経営学者にとっても、経営コンサルタントにとっても、「労多くして功少なし」だったためである。
- 根拠なき悲観論は、日本企業の強みを破壊し、機会費用を発生させることがあり、日本社会全体にとっての損失である。
- 超高齢・少子化社会という社会問題を抱えながら、現在でも世界3位の経済大国にとどまっている日本の経営技術が全面的・一方的に劣っているはずがないことは、冷静に考えれば明らかなことである。

●冷静な危機感を持ちつつ、自らの強みをきちんと伸ばし続けるために、根拠なき悲観論から脱却する必要がある。

用語解説

両利きの経営：企業等の組織が新しい事業機会の探索と、既存の資源・能力の活用とをどちらもバランスよくおこなうことを指す。知の探索と活用・深化などと呼ばれることもある。

オープン・イノベーション：自社の中央研究所などにヒト・モノ・カネ・情報を囲い込むクローズドな研究開発から脱却すること。外から内へのオープン化と内から外へのオープン化の二つがある。

ユーザー・イノベーション：企業の技術者だけでなく、製品の顧客（ユーザー）の知恵をも活用しながらイノベーションを実現すること。

リーン・スタートアップ：必要なものを、必要なときに、必要なだけ使って早期に製品・サービスのプロトタイプを市場に投入し、顧客等からのフィードバックを高速で回して改善していく、効率的な起業方法のこと。

アジャイル開発：多数のショートケーキを完成させていくことでホールケーキに仕上げるような、開発とテストのフィードバックのスピードを重視する、効果的・効率的なソフトウェア開発手法のこと。

ティール組織：現代の機械的・官僚制組織の対案として喧伝される次世代の組織のあり方。アメリカ型の組織への対案として一昔前に流行した、セオリーZにも共通する部分がある。

この章では、本書全体の議論の出発点として、**近年ビジネス界で注目されているバズワードのいくつかが、実は日本企業由来**であることを示す。

とはいえ、由来というのはもともと非常にあいまいな概念である。どんなものも先行する何かに影響を受けているため、唯一絶対の由来というものはそもそも存在しないからだ。

ただし「日本は経営のすべてにおいて遅れている」といわんばかりの議論に対しては、世界的に先進的とされる概念の少なくとも一部が、日本企業の経営実践や日本の研究者による発見などに由来していると示せばいい。こうした主張に反論するには、論理的には、反例を最低一つ提示すれば足りる。

たとえば、狭義の経営学の例ではないが、経営技術の一つとしてファイナンス・金融工学という分野がある。大雑把にいえば、金融商品のリスクとリターンを計算して組み合わせ、新しい金融商品を開発したり、金融商品の価格を予想したりする知識体系・技術体系のことを指す。この金融工学の発展に重要な貢献をした理論にブラック゠ショールズ方程式（モデル）というものがある。ランダムな株価の変動を組み込んだモデルで、いまでも現役で活躍している。

このブラック゠ショールズ方程式における、株価のランダム変動（株価版のブラウン運動）の計算に使われているのは、京都大学・学習院大学等で教鞭をとった伊藤清名誉教授による「伊藤の公式」だ。伊藤清名誉教授自身は純粋な数学者だとして、世界から金融工学の父と称されることを拒否していたが、金融工学に重要な影響を及ぼしたことは確かである。

伊藤の公式の例のように、経営技術の重要な一部分に日本人や日本企業が貢献している場合もあるし、全体のうちの大部分が日本由来だというものもある。

一例として、トヨタ生産方式とリーン生産方式の関係は後者に近い。とはいえ、トヨタ生産方式の創始者の一人とされる大野耐一《たいいち》は、トヨタ生産方式はフォード生産方式と地続きであると述べており、すべてがトヨタ由来だとは主張していない。大野耐一はフォードやアメリカのスーパーマーケットなどからトヨタ生産方式を発想したというのである。

ただしその場合も、本書で後にくわしく見ていくように、世界中で流行した「リーン」という言葉の源流がトヨタ生産方式にあり、リーン思考に対して日本企業であるトヨタが重要な貢献をしたことは確かである。

このように、由来をたどるというのは実は非常に難しい。そのため、唯一絶対の由来を探すのではなく、繰り返しになるが、**さまざまな経営技術における日本からの貢献を再確認**するという方が正しい。

図2　本書における第1章の位置づけ

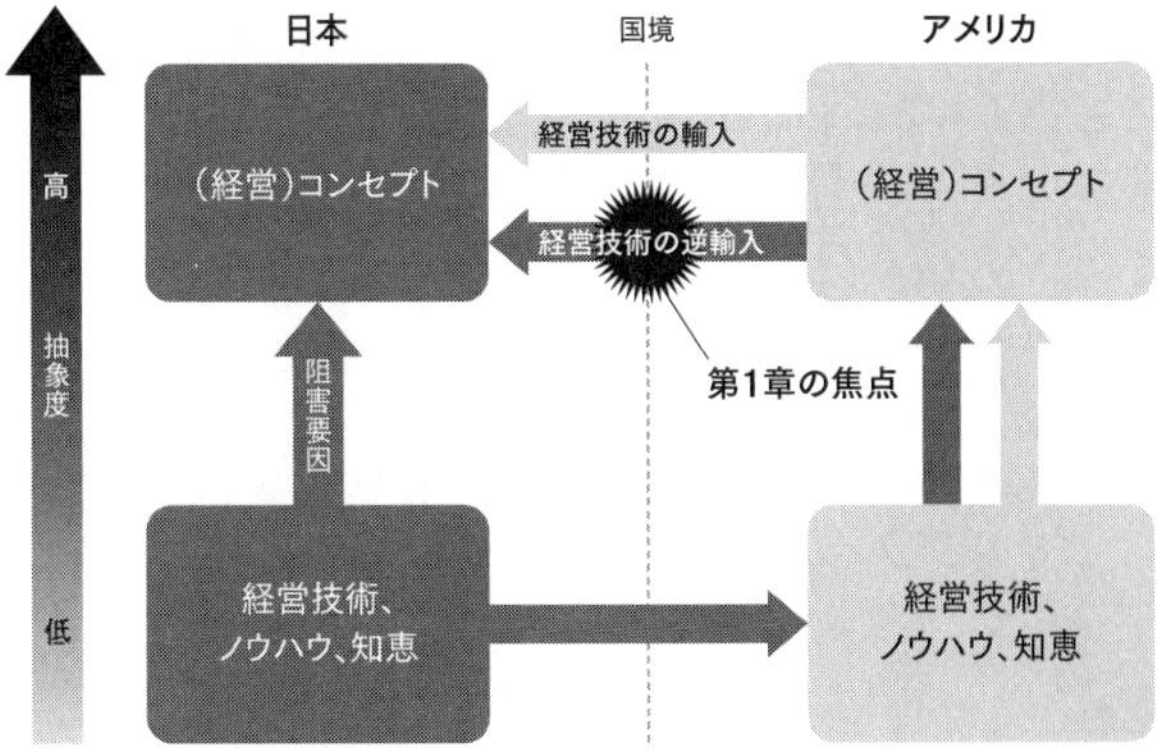

そのようなわけで、これからこの第1章において、世界的にも注目されていたり実践されていたりする考え方を再検討していこう。本書全体における第1章の位置づけは図2のとおりだ。

すなわち、本書における議論の前提として、海外から日本にもたらされたとされる経営コンセプトについて、そのいくつかが実は日本由来であるという「経営技術の逆輸入」的な実例を確認していくのである。

なお、ここで取り上げる一つひとつの例は、基本的には互いに独立しており、節同士のつながりは薄い。この点はあらかじめ注意が必要である。

はじめは「両利きの経営」からだ。

「両利きの経営」ブームの源流はどこに

近年、両利きの経営という概念が流行している。

２０１９年にはチャールズ・オライリー教授とマイケル・タッシュマン教授による『両利きの経営』（東洋経済新報社）の日本語訳が出版され、話題を呼んだ。

ここで「両利き」とはAmbidexterityの日本語訳であり、両手利きとか二刀流などとも訳すことができる。では経営におけるAmbidexterityとは何と何の二刀流かといえば、それは既存の技術や知識などの活用（深化・深耕）と探索であるとされる。ようするに**既存のビジネスでしっかりと稼ぐことと、新しいビジネスを始めたりイノベーションを引き起こしたりすることとを両立する経営**という意味である。

オライリー教授とタッシュマン教授によれば、この両利きの経営という概念は、言葉としては１９７６年のロバート・ダンカン教授による論考に源流があり（ただし、彼らがダンカン教授について触れるのは両利きの経営が市民権を獲得してしばらくしてからだ）、論理モデルとしてはジェームズ・マーチ名誉教授による「組織における探索と活用のシミュレーシ

図3　両利き経営の概念図

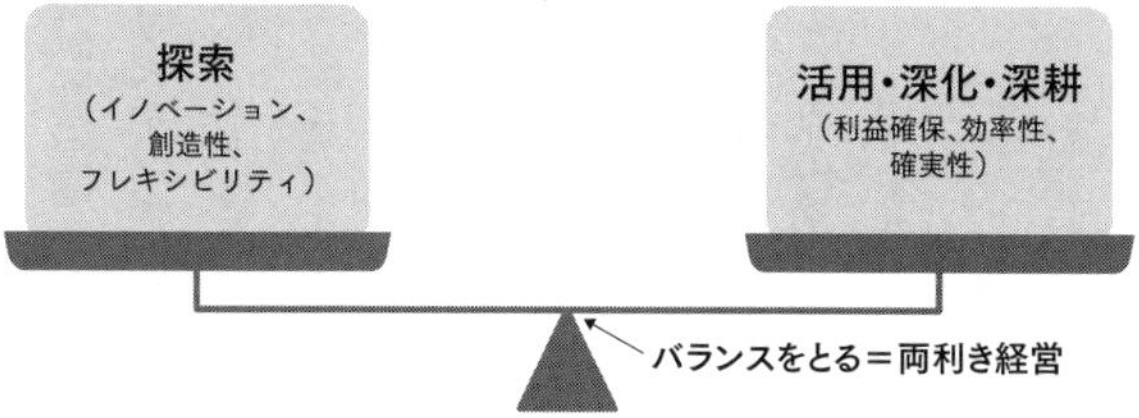

ヨン」に源流があるという。こうした研究を概念としてまとめ上げたのがオライリー教授とタッシュマン教授だということである。

なお、この「両利きの経営」に関しては、「よくある通常の研究のラベル張り替えのために使われているのではないか」という指摘も存在する。

実は、両利きの経営の元となったジェームズ・マーチ名誉教授による１９９１年の研究論文や前述のオライリー教授とタッシュマン教授による１９９６年の論文の発表から10年ほどは、両利きの経営についての論文は活発には発表されてこなかったのである。

ところが、ロンドン・ビジネス・スクールのジュリアン・バーキンショー教授が『Academy of Management Journal』誌にて、担当編集者から両利きの経営を応用した「文脈レベルの両利きの経営」というコンセプトを用いてはどうかとアドバイスされ、実際にその指示に従った論文が出版されたことをきっかけに、状況は変化した。

この概念は経営学研究において使い勝手が良く、これ以降、まさに指数関数的に両利きの経営分野の論文が増え、ある種のブームになった側面もある。**両利きの経営という概念が、研究のラベリングに非常に使い勝手が良かった**というのも、両利きの経営ブームをけん引した要因の一つではあるだろう。

こうしてブームとなった両利きの経営であるが、ときどき「日本企業は両利きの経営ができないからダメなのだ」という言説がきかれる。

経営コンサルタント的にいえば、「そう、日本企業はダメなんだ。だから、私に高額な報酬を支払って、両利きの経営を学びなさい」ということになるだろう。

しかし、一度立ち止まってよく考えていただきたい。

既存の技術や知識を活用しつつ、新しい技術や知識を探索したり、新しいビジネスを模索したりするというのは日本企業の得意技ではないだろうか。

たとえば筆者が専門とする生産管理・品質管理分野でよく扱われるカイゼン活動を考えてみる。カイゼン活動は、世界でカイゼン（Kaizen）という単語が通じるくらい一般化した日本発の経営技術である。

カイゼンは、普段の生産活動の中で、生産に関しての知識を蓄積し、さらにその知識に疑問を持つ機会を与えることで、生産やサービスのあり方を再考することを指す。ＱＣ七つ道具など、カイゼン活動の遂行に便利なツールも開発されている。

カイゼンは、一方面において既存の生産の知識を深化させている。しかし、その知の深化を「前提として」、新たな生産方法が探索される。そして、その結果として新車種の量産が既存の生産ラインを活用する形で安価に実現されたりする。

たとえば、拙著『イノベーションを生む〝改善〟』（有斐閣）において描かれるような、ロボットが行き交い、１生産ラインで５～６車種の同時生産が可能な未来の生産ライン「変種変量ライン」も、きっかけはちょっとしたカイゼン活動であった。

また、小川進『ＱＲコードの奇跡』（東洋経済新報社）が詳細に報告しているように、世界を変えた日本発イノベーションである「ＱＲコード」は、元はトヨタ自動車のサプライヤーであるデンソーがトヨタ生産方式で用いるカンバンを管理するために発明したもので、こちらもきっかけはカイゼン活動だった。

既存の生産活動を実行しつつ、これを効率化させ、さらに工程や製品のイノベーションを起こす。まさに両利きの経営だと思われないだろうか。

このように主張すると、「いやカイゼンとイノベーションは違う」とか「カイゼンは両利きの経営とは関係ない」という反応が返ってくることもある。では、両利きの経営の生みの親であるオライリー教授とタッシュマン教授はどう主張しているか、さっそく確認してみよう。

実は彼らは、２０１３年に『Academy of Management Perspectives』誌に発表した論文の３２９頁において、**トヨタ生産方式が両利きの経営の最も分かりやすい例（most visible illustration）だと述べている**のである。

カイゼン活動において作業者が自動車を組み立てるという既存の知識の活用と、作業をより効率的なものに変化させるという知識の探索との両利きの経営をおこなっているというのだ。なお、彼らは、生産のフレキシビリティを向上させるのも知識の探索やイノベーションだとしているので、前述の「変種変量ライン」はまさにその好例である。

もちろん「それは日本企業の中でも良い企業に限られる。大抵の日本企業はそんな先端的ではない」という反論はありうる。

しかし、それはアメリカ企業も同じである。

基本的に、見本とされている企業は、その本拠地が日本であろうとアメリカであろうと世界のどこか別の国であろうと、良い企業だから取り上げられたのである。

そうだとすれば、日本にもアメリカにも（その他の国にも）優れた企業とそうでない企業とがあるのだから、どこかの国の企業から一方的に学ばなければいけないということにはならない。むしろ、**自国の中に優れているとされた企業があるのなら、地理的にも言語的にも文化的にも距離の近い自国の企業から学んだ方が、効率がいい。**

いずれにせよ日本企業の少なくとも一部は、既存の知識の深耕・深化と新しい知識の探索とをうまく両立させてきた。その意味では両利きの経営のお手本となるような企業もあるのである。

それならば、両利きの経営を学ぶために最初に訪問すべきはアメリカ企業でもなければ、ましてやコンサルタントの綺麗なオフィスでもない。日本の製造現場なのである。

古代東洋の知恵である『戦国策』でいえば「先《ま》ず隗《かい》より始めよ」である。

この基本を忘れてしまうと、ほんの身近にある優れた手本が見えなくなってしまう。

日本企業というオープン・イノベーションの先進事例

オープン・イノベーションもまたビジネスの世界では流行り言葉、バズワードとなっている。

企業人による使用のみならず、経済・産業政策の現場や大学改革の文脈など、あらゆる場所で「オープン・イノベーション」という言葉が使用される。

ここで、はじめにオープン・イノベーションという概念の確認をしておくと、その名の通りイノベーションをオープンにする、ということである。それではどうオープンにするのか、それまではオープンではなかったのかということになる。そして、オープンの反対はクローズまたはクローズドなので、クローズドだったイノベーションをオープンにするということになるだろう。

たしかに過去の一時期、世界の企業はイノベーションをクローズドな状態にすることで利益を得てきた。具体的には、企業は中央研究所を設立し、優秀な研究者・開発者を囲い込み、研究開発に従事させてきたのだ。

特に、「日本的経営の三種の神器」ともいわれる定年までの終身雇用・年功序列・企業内組合という「企業人としての一生を一つの企業で過ごすのに適した環境」を用意してきた日本企業においては、その囲い込みが顕著だった。

この中央研究所ブームに対して再考を促したのがオープン・イノベーションだったといえ

るだろう。

前提として、**現代の製品開発競争の環境は、複雑で不確実になってきている**といわれる。製品一つ開発するにしても、ひと昔前とは、考慮すべき事項の数が違いすぎる。製品が環境に与える影響を考えねばならないだろうし、スマートフォンとの連携も考えねばならないだろうし、機械であってもインターネットにつなぐ必要があるだろうし、しかも価格はこれまでよりいっそう安くないといけない。

そのような複雑で不確実な状況においては、**新製品開発に必要な技術・知識が多すぎる**ために、自社の資源だけでは不十分となる。そのため、従前型のクローズドな囲い込み型の製品開発では、もはや新しいものを生みだせない。だからこそオープン・イノベーションの時代になったというわけである。

それでは、具体的にどうイノベーションをオープンにするというのだろう。

大きくいえば、**イノベーションを外から内に流入させる方向のオープンと、反対に内から外に流出させる方向のオープン**とがある。論理的にもこの二つがあるはずだが、日本においてはどちらかといえば外から内への流入の方に注目が集まってきた。

まず、外から内に流入させる方向のオープン・イノベーションは想像しやすいだろう。

図4　オープン・イノベーションの概念図

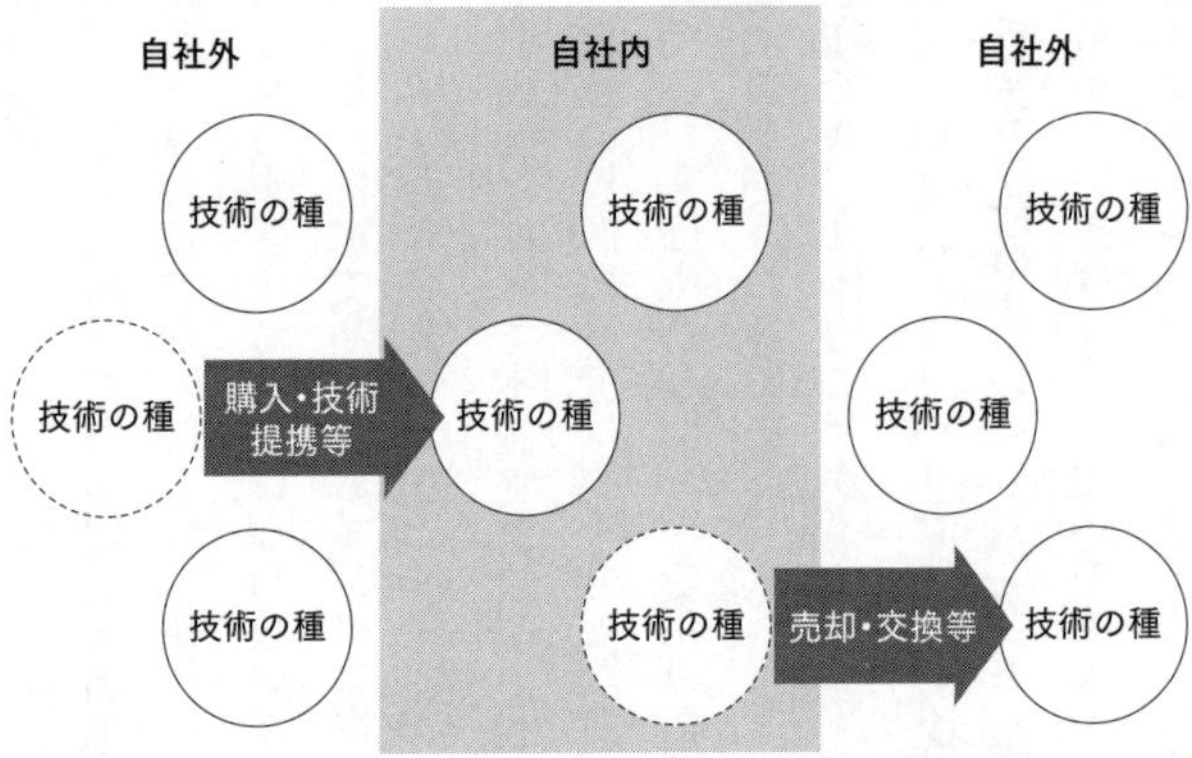

これまでおこなってきた自社の中央研究所頼みの研究開発一本鎗《やり》の状況をあらため、他社の技術を買ったり、特許を相互にライセンシングしたり、業務提携したりする度合いを高めるということである。

ただし、よく考えれば、自社の中央研究所での開発も継続しつつ、新たにこうした取り組みを始めるとすれば、これまで以上に研究開発費用が必要となる。そこで、内から外へのオープン・イノベーションが必要になるのだ。

企業外部の技術を利用するにはお金がかかる。しかし、これを裏返せば、自社の技術を「お金を出してでも使いたい」という企業もどこかにはあるはずだ。そこで、自社の技術をライセンシング等々でお金に換える。これが内から外へのオープン・イノベーションである。その上で、そのお金を使って外の技術を内に流入させる。そうすれば追加の投資をそこまで必要とせずにオープン・イノベーション化が達成できるだろう。

これが現在流行しているオープン・イノベーションの概念であるが、ここまで読んで、どう思われるだろうか。

もちろん、筆者もこのオープン・イノベーションの考え方自体は至極まっとうであると考える。現在の日本と世界にとって必要な流れであるとも思う。ただし、それとともに、果たして日本はこのオープン・イノベーションに遅れていたかというと、若干の疑問が残る。

なぜならば、学習院大学の武石彰教授が『一橋ビジネスレビュー』に寄稿した「オープン・イノベーション：成功のメカニズムと課題」という論文が指摘しているように、むしろ**日本企業の高度経済成長期を支えたのはまさしくこのようなオープン・イノベーションだった**からである。日本企業は、限られたパートナーとの関係の中でではあるが、積極的にサプライヤーなどと研究開発活動を分担してきた。

オープン・イノベーションの提唱者であるカリフォルニア大学バークレー校のヘンリー・チェスブロウ教授もまた、２０１０年に日本の学術雑誌『研究 技術 計画』にて、日本企業はオープン・イノベーションに早くから取り組んできたと述べている。パナソニック、ソニー、トヨタ、富士通、東芝、日本電気などの日本企業が、それぞれ関係の深いサプライヤー（いわゆるケイレツ）と研究開発を分担してきたと指摘しているのだ。

また、明治維新以降、日本および日本企業は、欧米諸国からさまざまな技術を導入し、世界の工場として生産・製造活動に注力するという時代が続いた。日本企業は研究開発の努力の大部分を自社以外に頼ることでコストを抑え、安価で良質な製品を生産することによって利益を確保してきたのである。**これも一つのオープン・イノベーションの姿**だったといえなくもない。

さらに、日本企業における研究開発が一般的になった後も、当初それらの企業は諸外国に比べると規模の小さな研究施設しか用意できなかった。こうした不利を克服するため、日本では、企業や産業を超えた技術的な交流が盛んであった。

これに加えて、終戦後は軍需産業に対して規制がおこなわれたため、軍需産業に従事する技術者が自動車などの他産業へと移動した。たとえば、航空技術者が自動車産業に大量に移動するような状況が生まれた。このあたりの事情は藤本隆宏『生産システムの進化論』（有斐閣）にくわしい。日本の高度経済成長期には、こうしてイノベーションの種が国内産業間を移動していったのである。

そう考えてみると、日本企業は意図せずしてオープン・イノベーションの先進事例だったともいえる。

このように、日本企業はこれまでもオープン・イノベーションをおこなってきた。ただし、中央研究所のオープン化などに積極的だったわけではないため、「日本企業はこれまで、どのようなタイプのオープン・イノベーションが得意で、どのようなタイプのものは苦手としてきたのか」を、把握する必要があるだろう。

そうだとすれば、オープン・イノベーション化を進めるためにまず調べるべきは日本企業の歴史かもしれない。

ユーザー・イノベーション、フリー・イノベーションと現場の知恵

ユーザー・イノベーションやフリー・イノベーションも経営の実務の場でよく聞かれる言葉である。これは、マサチューセッツ工科大学のエリック・フォン・ヒッペル教授によって提唱された概念である。

ユーザー・イノベーションとは、企業内の研究者や開発者ではなく、その製品の利用者に

新製品開発を一部任せることによってイノベーションを創出するという、経営コンセプトのことである。

たとえば、**マウンテンバイクというアイデアは、山登りや山下りを自転車でおこなう特殊な趣味の集団から生まれた**とされる。このように、消費者の中には「自分で製品を作ってでも自分が持つ問題を解決したい」という人たちが存在する。しかも、消費者は大抵の場合、なんらかの職業についていたり何かを学んでいる学生だったりする。つまり、いってしまえば**消費者は多分野の専門家**でもあるというわけだ。そんな**消費者の発想や知識を利用して製品開発しよう**というのがユーザー・イノベーションである。

その前提にあるのは情報の粘着性という概念である。

情報の粘着性とは、ざっくりいってしまえば、情報がもつ「なかなか移転しない」という性質のことである。製品について一番よく知っているのは顧客・消費者であり、顧客・消費者が持っている情報は移転しづらいとすれば、顧客・消費者にアイデアを出してもらったほうが良いというわけである。

そして、フリー・イノベーションとは、ユーザー・イノベーションをより広い視点からとらえ、開発者起因のイノベーションに対置したコンセプトである。

フォン・ヒッペル教授によれば、一般家庭などには、いまだ活用されつくしていないアイデアの源泉が残されているという。こうした人たちが、アイデアを提案すること自体で満足し、相互に協力し、アイデアが拡散していくような場・プラットフォームを構築し活用することがフリー・イノベーションであるとされている。ただし、フォン・ヒッペル教授自身がフリー・イノベーションとユーザー・イノベーションとをほぼ同じような概念として扱っている場面も多いため、本書ではこれ以上この二者の分類には踏み込まない。

さて、このユーザー・イノベーションやフリー・イノベーションだが、日本企業の研究もこの分野の発展に貢献している。

神戸大学の小川進教授や法政大学の西川英彦教授などが明らかにしたように、無印良品などユーザー・イノベーションを積極的に活用してきた先端的な事例が日本にもあるのだ。たとえば無印良品は、くらしの良品研究所やＩＤＥＡＰＡＲＫなどで、常に消費者から新製品のアイデアを募集している。

また、ユーザー・イノベーションを少し違った視点からみてみると、日本企業はある意味では半世紀前からこの分野のトップランナーである。日本企業において「ユーザーがイノベーションの主な担い手になってきた」ところがあるのだ。

それは小集団活動と全社的品質管理（ＴＱＣ）である。

小集団活動やＴＱＣというのは、製造設備の使用者である作業者が主体となって、製造品質を向上させるためのアイデアを提案することを指す。製造設備のユーザーがその設備そのものや、設備の新しい使い方に関してアイデアを出すのである。

そのためにＱＣ（品質管理）サークルといわれるチームが組織される。そのチームにおいてみられるのは、アイデアを提案すること自体で作業者が満足し、作業者が課業後に相互に協力し、そうして提案されたアイデアが職場で拡散していくというプロセスである。ほとんどデジャブのようである。そう、まさしく**ＱＣサークルはユーザー・イノベーション**なのである。

日本のお家芸であるＱＣサークルが実は一種のユーザー・イノベーションやフリー・イノベーションだといわれても、「納得できない」とか「あまりに無理やりなこじつけだ」と思われる方もいらっしゃるだろう。

しかし、論理的には製造装置のユーザーが製造装置の改良アイデアを出すわけだから、そうなるはずなのである。それでも納得できないというのは**「日本企業が得意なことが先端的な経営のはずがない」という思い込みがある**ためではないだろうか。

実際、フォン・ヒッペル教授自身が１９９５年に「How learning by doing is done: problem identification in novel process equipment（実践による学びはどのように得られるか：新規製造装置導入における問題特定のあり方）」という論文を『Research Policy』誌に発表している。そこでは、日本の研究を参照しながら、さきほど述べたようなＱＣサークルの論理と同様のモデルが提示されている。

このように、日本企業はユーザー・イノベーションやフリー・イノベーション的な考えを企業経営に取り入れてきた。そしてＱＣサークルやＴＱＣという、これまで日本が得意としてきた経営技術の中にも、ユーザー・イノベーションやフリー・イノベーションを取り入れるヒントがあった。

もちろん、これらの経営技術「だけで」「そのまま」消費者コミュニティを構築するタイプのフリー・イノベーションが可能になるわけではない。しかし、日本企業のＱＣサークル活動から、ユーザー・イノベーションやフリー・イノベーションへの何らかの示唆を得ることはできるはずだ。

日本企業の足元にユーザー・イノベーションやフリー・イノベーションの参考になる事例が豊富に存在するにもかかわらず、それに気づかないとすればもったいない。

こう考えれば、ユーザー・イノベーションやフリー・イノベーションを取り入れたい企業がまず向かうべきは、勉強会や都心にあるコンサルタントのオフィスではない。

ヒントは日々ＱＣ活動にいそしむ自社工場の製造現場にある。

リーン・スタートアップとリーン思考

リーン（Lean、痩せた）という言葉は、本書において何度も登場するキーワードの一つである。

最近では、リーンといって多くの人が思い浮かべるのは、「リーン・スタートアップ」や「リーン・イン」だという。これはおそらく生産現場で働く50代以上の方や、生産管理系の研究者など、製造業にくわしい人には驚きだろう。

リーン・スタートアップというのは、とりあえず作ってみて（Build）、市場の反応をみて（Measure）、そして学習する（Learn）というプロセスを高速で回していく起業方法のことである。２０１１年にエリック・リース氏によって提唱され、『The Lean Startup』は世界中でベストセラーになった。

シリコンバレーの若手起業家たちがこぞって『The Lean Startup』を読んだのである。現代のスタートアップ企業は、不確実性と複雑性の高い競争環境で経営をおこなっている。そのような状況において、従来型のゆっくり着実に準備をすすめるタイプの起業プロセスでは競争に取り残される。

それだけではない。モノがなければ顧客がつくこともないし、顧客がついていなければ、シリコンバレーの投資家は資金提供に二の足を踏む。そこで、**簡単なプロトタイプでいいので、とにかくまずは製品を作ってみよう**、というわけである。

そしてそのモノを自分たちで見て、また顧客や投資家に見せて、改善（Plan, Do, Check, Action）を繰り返していくことで製品やサービスの品質を向上させていけばいい、というのがリーン・スタートアップの基本的な考え方だ。

筆者の周囲でもリーン・スタートアップは一時期非常に人気が高かった。

『The Lean Startup』が出版された時期に筆者は大学生であり、その後すぐに起業家志望者が多い東京大学大学院情報理工学系研究科のジョイント・プログラムに参加した（主たる所属は東京大学大学院経済学研究科マネジメント専攻）。そんな中で、大学生や大学院生にもリーン・スタートアップという言葉を使う人が多かったのだ。

図5　リーン・スタートアップの概念図

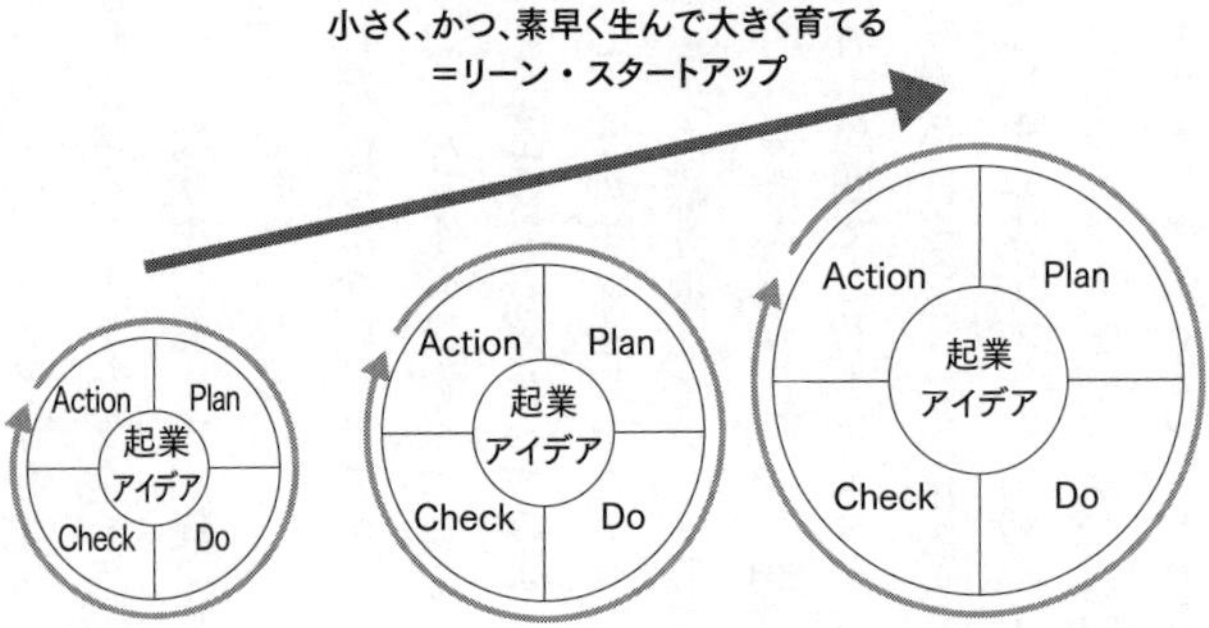

たとえば、「議論はこれくらいにして、ひとまずやってみようよ、リーンで」といった使用法である。

一方で、リーン・スタートアップのファンたちに対して「**リーン・スタートアップの元はトヨタ生産方式**だよ」というと、あまり信じてもらえなかった。しかし、リーン・スタートアップの思想の本質をとらえれば、その源流がトヨタ生産方式にあることは理解できるだろう。

前提として、はじめにトヨタ生産方式について概説する。

トヨタ生産方式というのは、その名の通りトヨタ自動車において用いられている経営技術である。トヨタ生産方式は、機械の稼働率の最大化を目標とするそれまでのアメリカ式の生産方式への対案だ。つまり、たとえ機械の稼働率が低くなっても「必要なものを、必要なときに、必要なだけ」作ることを目標とする生産方式を指す。

必要なものを、必要なときに、必要なだけ作れるという究極の形は、受注生産である。しかし、企業はそう簡単に受注生産には転換できない。受注生産にすると顧客を待たせることになり、待たせる間に他の会社に顧客を取られてしまうかもしれないからだ。そうすると不安になって完成品在庫を持ちたくなってしまう。

また、完成品在庫を許してくれるならば、中間在庫も増やして、とにかく機械を四六時中動かして在庫を増やせば「製品1個当たりにかかる機械設備などの固定費が小さくなる」ため会計上は利益が出る。不安も解消してくれるし会計上も有利なので、在庫はどんどん増えるというわけである。なお、会計学とトヨタ生産方式の関係については新井康平『進化する生産管理会計』（中央経済社）が詳細に考察している。

しかし、実は在庫というものは、材料費や人件費が投入されているし、倉庫での管理費もかかる。つまり、キャッシュフローを圧迫しているのである。**在庫は、会計上では減損処理されないかぎり有利だが、キャッシュ的には不利**なのである。

そして、戦後直後のトヨタはこのキャッシュが足りなかった。

労働争議の影響で実際の現金・キャッシュが足りなくなり、倒産寸前の危機に瀕したのである。その結果が、トヨタ自動車工業とトヨタ自動車販売への分社化だった。そのため、キャッシュを圧迫させない生産方式が求められた。それがトヨタ生産方式だったわけである。**トヨタ生産方式は、在庫が本来もっていた経営上の利点を保持したまま、在庫の害悪をなくすために、「時間」に注目した。**つまり、注文を受けて「すぐに製品を作れれば」在庫はいらないと気がついたのである。専門的には、生産リードタイムの短縮を目指したと表現される。

開発から生産までのスピード、材料が投入されてからそれが製品の形となって市場に出るまでのトータルの時間（リードタイム）を短縮することで、在庫をなくすデメリットを抑えつつ在庫が持つキャッシュ圧迫というデメリットを克服したのが、トヨタ生産方式だったわけだ。

なお、アメリカにおいてトヨタ生産方式は「リーン生産方式」と名づけられた。名づけ親はグーグル（Alphabet社）の関連会社であるウェイモ社のＣＥＯジョン・クラフチック氏であり、公開資料としては１９８８年の「Triumph of the lean production system（リーン生産方式の勝利）」『MIT Sloan Management Review』誌が初出とされる。

リーン生産方式は、その後、ジェームズ・ウォマック博士らによる書籍『The Machine that Changed the World』の出版とベストセラー化によって世界中に広まっていった。

では、これがどうスタートアップにつながるというのだろうか。

すでにお気づきかもしれないが、実は**戦後すぐのトヨタとスタートアップには「お金がない」「会計上の利益ではなくキャッシュがない」という共通点**がある。だからこそ、時間やスピードが重要なのである。

モノをさっと作って、市場に出し、すぐにお金を回収する必要があるからだ。

究極の話、材料の買掛金支払期間よりも顧客からの売掛金回収期間のほうが短ければ、実は運転資金は0円でもいい。

そんな会社があるだろうか。

実はあるのである。完璧ではないがそれに限りなく近い企業はある。

それは、**グーグルなどの情報通信産業に属する企業群**である。

これらの企業は毎日のように売上が上がってくるが、支払いの中心は人件費や開発費用であり、たいていは支払いまでには猶予がある。現代のスタートアップ、特にインターネットを主戦場とするスタートアップには、リーン・スタートアップの考え方が非常によく適用できる。**トヨタ生産方式の究極の形はグーグルなのである。**

さて、ここまでをみてきて、読者の中には「さすがに日本の製造業がシリコンバレーのきらぼしのようなベンチャーに影響しているはずがないだろう」と思われる方もいらっしゃるだろう。『The Lean Startup』を読んだ人でさえ、である。

しかし、この『The Lean Startup』をしっかり読んでみると、**リーン・スタートアップという言葉の源流はリーン生産方式であり、さらにトヨタ生産方式であると著者自身によって何度も繰り返し明言**されている。

この本では、スピード重視の経営「ジャスト・イン・タイム」、まずモノを作って確認する「現地現物」、問題が起きれば5回「なぜ？」と問うて真因にまでたどりつく「5回のなぜ」などトヨタ生産方式の言葉が使われる。また、大野耐一や新郷重夫といったトヨタ生産方式の創始者たちの名前も本文に登場する。

このように、リーン・スタートアップの源流は日本の生産・製造現場の経営技術にあった。シリコンバレーベンチャーの経営の秘訣（の一部）を知りたければ、日本の田舎にあるリーンな工場に出かけるべきなのだ。

アジャイルとは何だったのか

アジャイルという言葉をきいたことがある方も多いだろう。

技術的な場面で、アジャイル開発やアジャイル生産といった使い方がなされることが多い。

そして近年、特にＩＴ業界において、このアジャイルソフトウェア開発という手法に注目が集まっている。アジャイル生産については後に説明するとして、はじめにアジャイル開発というのは、「時間」や「スピード」を重視する開発手法のことを指す。

詳細な計画にもとづいて、全体を構成する部分を一つずつ完成させるのではなく、計画を適宜修正しながら、機能的に独立した部分の開発を同時並行で進めていき、チームでの素早い問題解決をおこなうという特徴がある。

何かに似ていると思われるだろう。

そう、**リーン・スタートアップやリーン生産方式、トヨタ生産方式と似た考え方**なのである。というよりも実はこれも、結論を先取りすれば、トヨタ生産方式が源流なのである。

このアジャイルソフトウェア開発は、世間一般的には２００１年に17人のエンジニア

(Kent Beck, Mike Beedle, Arie van Bennekum, Alistair Cockburn, Ward Cunningham, Martin Fowler, James Grenning, Jim Highsmith, Andrew Hunt, Ron Jeffries, Jon Kern, Brian Marick, Robert C. Martin, Steve Mellor, Ken Schwaber, Jeff Sutherl, Dave Thomas）によって「アジャイルソフトウェア開発宣言（https://agilemanifesto.org/）」が公開された日から始まったとされることが多い。なお、この宣言の直後にアジャイルソフトウェア開発の入門書も出版されている。

この宣言・マニフェストは、前述の17人のエンジニアがスキー場に集まって合宿しながら議論していたときに、「これからのソフトウェア開発はアジャイルでなければいけない」という合意にいたったことから作られたという。

ただし、このマニフェストのウェブサイトには、最終的な合意に至るまでの詳細な議論が省かれている。さらには先行研究の引用もなされていない。そのため、元からアジャイルの起源を知っていない限り、このマニフェストが始まりだと誤解してしまうという難点がある。

実際に、外国語や日本語の実務書からソフトウェア開発についての研究論文にいたるまで、マニフェストがすべての始まりだとしているものがほとんどだ。

しかし本当は、この**アジャイル開発は二重三重の意味で日本の経営技術に起源をもつ**ものである。ただし、日本の経営技術からアジャイル開発というコンセプトにいたるまでには、若干複雑な影響関係がある。そこで、日本の経営技術からアジャイルにいたるまでの流れを、一つずつ確認していこう。

そもそもアジャイルソフトウェア開発という概念自体、マニフェストの発表よりも３年早く、１９９８年に日本の研究者から提案されている。

南山大学の青山幹雄教授による一連の研究である。

青山教授は、アジャイル開発に必要な具体的な手法や、その効果測定までを、アジャイルソフトウェア開発宣言以前におこない、英語で世界に向けて発表している。そして、その基礎となっているのは日本のシステムインテグレーターが持つノウハウ、経営技術である。

この背景として、１９９０年ごろまで、実は日本のソフトウェア開発が「ソフトウェア工場」として世界中から注目されていたという事情がある。

日本のソフトウェア開発企業が持つ、高いプログラミング・コードの再利用率にもとづいた、低コストかつ高品質な開発手法に注目が集まった時期があったのだ。日本のソフトウェア開発についての代表的な研究者は、マサチューセッツ工科大学のマイケル・クスマノ教授である。

いまや**アメリカ一強の感のあるＩＴ産業においてさえ、日本の生産性の高さが注目された時期が**

あったということだ。これらの経営技術の蓄積をもとに、青山教授は世界に先駆けてアジャイルソフトウェア開発という概念を提案していた。

なお、ソフトウェア開発の歴史について研究した『Advances in Computers』という書籍に寄せられた「History of Computers, Electronic Commerce and Agile Methods（コンピュータ、電子商取引、およびアジャイル手法の歴史）」という論考は、**アジャイル開発の起源が、日本の製品開発実務と、それをスクラム開発として定式化した一橋大学・野中郁次郎名誉教授とハーバード大学・竹内弘高教授だとしている。**

もう一つ、アジャイル開発にはアジャイル生産という起源もある。

アジャイル生産とは、カリフォルニア州立大学ベイカーズフィールド校のアンガッパ・グナセカラン教授によれば、リーン生産方式をサプライチェーン管理にまで広げ、情報システムの活用度合いを高めたものである。

これは、ジョージ・ストーク氏とトーマス・ハウト氏が、トヨタ生産方式の本質を「時間」と「スピード」にあるとして「タイムベース競争戦略」という概念を提示して以降、アジャイル（迅速な）という言葉がリーンの代わりに使われたという側面が強い。

このように、アジャイルはソフトウェア開発手法という意味でも、リーン生産方式からの発展という意味でも、日本の経営技術に由来しているのである。

ティール組織の流行と日本的経営

ティール組織という言葉が流行しつつある。

ただし、オープン・イノベーション、ユーザー・イノベーション、リーン・スタートアップ、アジャイル開発などと比べると、一般的な知名度はまだ発展途上かもしれない。その意味では、ティール組織は、流行の一歩手前にある概念である。

ティール組織というのは、新時代の組織形態であるとして喧伝されることが多い概念である。ティールという単語自体は「青緑」「鴨の羽色」を表す。イメージとしてはティファニーのブランドカラーを思い浮かべてもらえばいいだろう。

では、いったいなぜ色の名前が組織の形容詞になっているのだろうか。これは、ティール組織の提唱者であるフレデリック・ラルーが著書の中で既存の組織形態を色でたとえたことに由来している。なお、ラルーは、日本企業である株式会社オズビジョンをティール組織の先進事例として挙げている。

ラルーによれば、これまでの組織は力による支配（いわば動物の群れ）であるレッド組織から、官僚制組織であるアンバー（琥珀《こはく》色）やオレンジ、家族的なグリーンというように発展してきたという。発展してきたといっても、現在でもたとえばマフィアなどにレッド組織がみられたり、アンバーやオレンジな組織はたくさんあったりするので、共存してきたという方が正しいだろう。

そして、その先にはティールという色の組織があるというのである。

この**ティール組織では、組織がまるで生命体や自己組織系のように、人が集まって目的を達成してまた分散する。**そして、その前提として組織の構成員によるセルフマネジメント（自己決定・自己管理）がおこなわれ、組織の構成員は仕事だけのつきあいでなく人間としての全体が組織に受け入れられ（全体性・ホールネス）、さらに組織はビジョンを進化させ続ける。ティール組織においては、**もはやトップダウン型のいわゆる「マネジメント」は必要なくなる**という。

こういわれるとなんだか高尚なイメージになるだろう。

しかし、よくよくかみ砕いてみれば、従業員が自ら創造性を発揮するとか、自分の職場の成績に責任をもって自分でマネジメントするとか、幅広く権限が委譲される現場主義とか、仕事人としてだけでなく家庭人として、あるいは趣味人として全人的に組織に受け入れられるとか、それらがすべて組織の創造性を高めるとか、職務を明確に分担せずに助け合うとか、必要に応じて人が集まってきてチームになるとかいったことは、**日本企業ならあたりまえのこと**ではないだろうか。

あるいは、これらをあたりまえにこなす日本企業は比較的多いのではないだろうか。

実は、まったく同じことが、ある時期のアメリカにおいて主張されたことがあった。明確に職務を区切って機械的に成果管理するアメリカ式に対して、その反対のセオリーZ型の管理があるとされたのである。

セオリーZ型の企業では、休日のゴルフや仕事の後の飲み会などでノン・ヒエラルキーな関係が構築され、ヒエラルキー型の組織のデメリットが補完される。そう、まさしく典型的な日本企業である。セオリーZは日系人であるウィリアム・オオウチ教授によって提唱され、１９７０年代に主に学界にて、１９８０年代にはアメリカ社会一般に受け入れられていった。セオリーZを提唱した書籍はベストセラーとなったほどだ。

セオリーZを持ち出すまでもなく、日本の製造現場にはティール組織的な要素が見出される。

日本の製造現場には、多くの場合、提案箱が置かれ、従業員のアイデア募集がおこなわれている。現場の班単位で責任と権限が分担され、幅広い権限委譲がおこなわれる。職務は明確に定まらず、生産ラインのある工程が止まると前後の作業者が駆けつけてチームになって問題を解決する。それで解決できなければ班長が、それで無理なら組長が手助けする。**まさに自己組織化である。**工場単位で駅伝や運動会が開催され、組長の仕事は作業者の家庭の悩みを真摯にきくなど人生相談に及ぶことも多い。

こんなことは典型的なアメリカ企業しか知らない人には信じられないことだ。まさに組織の構成員が全人的（ホールネス）に組織に受け入れられている。そもそも、そうだからこそ、諸外国と違い日本の大企業には終身雇用、年功制、企業別労働組合があったのである。

組織が構成員の人生に責任を持つから終身雇用だったし、権限委譲と相互の協力にもとづいた能力を長い時間をかけて評価するために遅い昇進と年功制を用い、企業という共同体に自己の意見を反映させるために、（業界別でなく）企業別の労働組合が存在している。

ティール組織の著者フレデリック・ラルーが見てきた組織はアメリカ企業が中心である。総じていえばそれらの企業は官僚制組織であり、従業員は歯車という傾向が強い。そのため転職も多く、職務を明文化して業界ごとに労働組合を組織する必要があったのである。

日本においても、ティール組織に熱狂する人には外資系企業で働いていたり、日本企業であってもセオリーZ型の製造業ではないベンチャーなどに属していたりする人が多い。ティール組織が提案しているのは、アメリカ型企業への対案である。だとすれば、元からアメリカ企業の対案であったような日本企業がそれを取り入れるというのは、本末転倒である場合もある。実際に、セオリーZの流行という前例もあったことは頭に入れておいてよいだろう。

ただし、日本企業も安心してはいられない。**日本企業はここで述べたようなセオリーZ的な特徴を急速に失いつつある**ためである。多くの企業で終身雇用は崩れはじめ、全体性による評価の代わりに仕事の成果主義や能力主義が提唱され、労働組合などは有名無実化してきている。運動会や飲み会なども無駄だとされ、家庭のことには干渉しない、仕事は仕事という人が増えている。福利厚生費も減らされる一方だ。

そうだとすれば、ティール組織の流行は、日本的経営の三種の神器を知らない者による日本的経営への憧憬か、あるいは日本的経営を失いつつある日本企業に属する者の懐古主義に近いかもしれない。

もし新時代の組織がティール組織的なものなのだとすれば、**日本企業が日本的経営を失いつつあるのは、本当は時代に逆行しているの**かもしれない。

この点は、ティール組織が気づかせてくれる大切なことである。日本企業は自ら退行している可能性があるためだ。

第1章のまとめ

この第1章では、近年のビジネス界において流行していたり、流行を超えて定着しているような概念のいくつかが、実は日本由来であったり、日本の産官学が重要な貢献をしていたりすることを示してきた。あるいは、ビジネスや経営における「バズワード」が、実は日本企業の現場の経営技術・経営実践から、よりよく学べると主張してきた。

こうした主張をおこなう必要があるのは、日本企業や日本人、日本に住む人たちが、根拠なき悲観論に支配されているからである。そして、根拠なき悲観論に支配されることにより、本当は身近にある強みに気がつかず、強みを捨てて弱みを取り入れるという間違いをおかしつつあるからだ。

多くの人は、日本の経営技術が世界に通用するわけはないし、最新の経営技術は常にアメリカ由来だと思い込んでしまう。もちろん、内心では自分たちの経営実践に自信を持っている場合もあるだろうが、それでも声を大にして「アメリカ発の○○とかいう概念、日本でもとっくにやっているじゃないか」と主張できる人は少ない。そのうちに、内心の自信も揺らいでくる。

しかし、ここでみてきたようにきちんと文献を遡っていけば、アメリカ発の最新経営技術に思えるものが、実は日本の経営技術をラベルだけ張り替えたものだったりすることはよく見られることなのだ。

もちろん、謙虚に他国から学び続けるハングリー精神はすばらしいことである。謙虚というのは、日本人および日本に住む日本文化になじんだすべての人の、美徳である。とはいえ、謙虚が行き過ぎて根拠なき悲観論になってしまっては、実害も出てくる。

本章の最後に登場したティール組織は、その意味で反省材料を与えてくれる。

これまで、日本的経営が新時代の組織形態として世界中で一世を風靡《ふうび》したことがあった。アメリカ式の組織モデルに対する対案だとされたのである。しかし、時の流れと、日本経済の低迷とともに、そのことはすっかり忘れられてしまった。

そして今、同じようにアメリカ式の組織モデルの対案が、ティール組織として提案されている。それは日本的経営にもよく似ているのだが、むしろ日本はそれを捨ててアメリカ式に移行しようとしている。

日本は自分の強みを捨ててアメリカ型の経営に近づき、アメリカは冷静に自らの弱みを分析して日本の経営技術をも着々と取り入れる。日本企業は、根拠なき悲観論から、まるで自己破壊ともいえるような行動を起こしているのである。

どうしてこんなことになるのだろうか。

一つには、根拠なき悲観論に対して物申す著書が出てこなかったという理由もあるだろう。

アメリカ式経営の源流をたどって、そこに日本式経営を見つけるというのは、膨大な資料にあたる必要がある割に、使える部分は少ない。しかも、結果的につなぎ合わせた記述も学問的に十分なレビューとはならない。それゆえに科学的な、あるいは学問的な業績にもならないのだ。そのため、学問的な業績を毎年厳しく求められる経営学者にとっては、取り組むインセンティブに乏しい仕事といえる。

さらには、ビジネス書を手掛けるコンサルタントにとっても、大量の著書と論文へのアクセス可能性という意味で、そもそもこうした著作に取り掛かるのはハードルが高い。また、ここで紹介した概念を組織に導入するコンサルティングをおこなっている場合、こんな種明かしをしてしまっては、自ら商売の種を手放すようなものだ。

こうしたことから、社会にとっては必要な主張ではあっても、経営学者であれ経営コンサルタントであれ、著者になるメリットがほとんどないために、誰もこのような主張をしてこなかったのではないかと思われる。

本書の後半で詳述するが、これは本当にもったいないことだ。日本企業や日本社会全体にとっての損失だといっていい。

冷静に考えてみれば、超高齢社会で少子化も進んでいるにもかかわらず、日本は世界3位の経済大国なのだ。先進国に限ればアメリカに次いで今でも2位である。特に製造業に関しては分野によっては世界1位、売上高でみて世界シェアの大半を握る企業も多い。

iPhoneだって、主要部品は日本製である（ただし、主要部品以外では台湾製部品が多くなってきている）。そんな国の経営技術が一方的かつ全面的に劣っているはずがない。

大切なのは冷静な危機感を持ちつつ、自らの強みもきちんと伸ばし続けることである。そのために、根拠なき悲観論から脱却する必要がある。

このような問題意識に支えられて、第1章では現代の日本のビジネスシーンでもよく聞く単語を取り上げてきた。そして、その由来となった日本の経営技術を明らかにしたり、ここで取り上げた単語のお手本となる日本の経営技術を紹介したりしてきた。

ただし、こうしたことだけでは問題の本質はみえてこない。ここまでの議論では「なんだ、日本もやるじゃないか」という感想にしかならないだろう。

その先に、筆者含めて日本の産官学が真剣に反省しなければいけないこともある。それは日本にはコンセプト化という点が弱いという致命的欠陥があること、経営技術のグローバル競争という状況を認識できていないことである。こうした点は、続く第2章、第3章と読み進めていただく中で、少しずつ伝わるだろう。

この第1章では、現在流行しているアメリカ発の経営技術を出発点にして、日本の経営技術の影響を発見するという方向で議論してきた。これに対して、続く第2章は、日本の経営技術や経営実践を出発点にして、それがアメリカでコンセプト化され、ときにはシステムとして売り出されるまでの流れをみる。第1章の反対の方向で議論をしていくわけである。

これによって、日本の経営技術がなぜその後はアメリカ発のようになってしまったか、その理由の一端が判明するだろう。

第1章への補足：アジャイル開発の源流は日本か？

２０２１年に『日本〝式〟経営の逆襲』（日本経済新聞出版）を出版したとき、まさに新型コロナ感染症への対応で社会が混乱のさなかにあった。

そのため、筆者は当該書籍を執筆するにあたって関係者へのヒアリング調査等をおこなうことができず、文献調査に頼っていた。こうした事情から、本書の内容の一部は、文献調査だけでは分からない「経営技術の逆輸入」の裏事情への理解に不十分な点があった。ただし、本書の「はじめに」でも断っていたとおり、本書は歴史書ではない。そのため、こうした点が存在しても、本書の論旨には影響しない。

第1章に関する２０２１年時点での認識の誤りの一つは「アジャイル開発」についてのものである。

アジャイル開発とは、たとえばホールケーキ全体を全体の土台→全体のクリーム→全体のイチゴという順番に完成させるようなウォーターフォール型のソフトウェア開発に対して、**ホールケーキをいくつかのショートケーキに分けて、小さな部分の土台→部分のクリーム→部分の**

イチゴ……というショートケーキを複数作ることでホールケーキを完成させるようなソフトウェア開発思想のことをいう（平鍋健児・野中郁次郎・及部敬雄『アジャイル開発とスクラム第2版』翔泳社）。

筆者は、世界中で流行する「アジャイル開発」という単語の初出を、南山大学の故・青山幹雄教授による1998年の論文だとしていた。しかし、実際のソフトウェア開発実務家の認識としては、たしかに語彙としては青山教授がアジャイルの初出であるものの、青山教授が論文で解説している内容は今日的な意味でのアジャイル開発ではないという。

この点に関して、株式会社豆蔵取締役羽生田《はにゅうだ》栄一ＣＴＯからのご指摘をすこし長めに引用しておきたい。

1つ目として、確かにこの論文は、当時としては最先端であった《（主にオブジェクト指向にもとづく）反復的かつインクメンタルなソフトウェア開発プロセス》を富士通の交換機ソフトウェア開発事例を踏まえて「ソフトウェア工学」的に整理した論文として非常に意味があるものである。ただし、ここで「ソフトウェア工学」的な解釈と分析の対象となっている《（主にオブジェクト指向にもとづく）反復的かつインクメンタルなソフトウェア開発プロセス》という概念自体は、世界的に１９９０年代当時の（オブジェクト指向技術を中心とした）ソフトウェアコミュニティである種の常識として共有されつつあり、論文でも参考文献に挙げられているGrady Booch：Object Solution（１９９５）がその辺りの知見を総合的に整理した文献としてみんなに愛読されていたという事実がある。

２つ目として、しかしながら注意すべきはこのBoochらがまとめた（Unified Process的）反復開発概念は、現在我々が「アジャイルソフトウェア開発」と呼ぶ概念の源流の１つではあるとしても、皮肉なことに２００１年のアジャイル開発宣言では否定的に「重量級」プロセスと揶揄（これが半分以上誤解に基づくものであることがその後のDeciplined Agileという逆襲に繋がるわけだが）されたUnified Process相当のものであることだ。青山論文で参照している「アジャイル」はBoochに代表されるUnified Process的な反復開発プロセスを指しているものと考えられる（1反復の期間も1～数ヶ月）。青山論文のアジャイルという語が指す概念は、アジャイル開発宣言（マニュフェスト）が指すよりも1世代前の反復開発プロセスを対象にしていると考えるべきなのだ。このあたりの事情は、実際にオブジェクト指向やアジャイルソフトウェアのコミュニティに身近で接したものでないと中々把握しづらいところかもしれない。

すなわち、青山教授が論文を執筆した時期というのは、「アジャイル開発」と現在呼ばれている反復型かつインクリメンタルな開発手法が世界中で研究され試行されていて、青山教授もまたそうした潮流の影響を受ける中で、富士通での実践にたまたま「アジャイル開発」という名前を付けたとのことである。

つまりは青山教授のいう「アジャイル開発」と現在世界で流行中の「アジャイル開発」には、一定の関係性はあるものの、同一ではなく名称が偶然一致しただけという可能性があるということである。

とはいえ、本文でも述べているとおり、**現在の「アジャイル開発」に一橋大学・野中郁次郎名誉教授の「スクラム開発」が内容面で影響を与えた点は間違いない**。そのため、**名称としての初出は青山教授、概念的な源流の一つは野中名誉教授**と考えれば、やはりアジャイル開発は日本の経営技術の逆輸入の一例である点は揺るがないといえそうである。

2

実践一辺倒の日本、
コンセプト化のアメリカ

日本企業はなぜ「強み」を捨てるのか

第2章の要約

- アメリカの産官学がいかにして日本の経営技術をコンセプト化したのかについて、実例をもとに学ぶことで、経営技術の逆輸入という状況を打破できるヒントが得られる。
- リレーショナル・ビュー、創発的戦略、制約条件の理論、コンカレント・エンジニアリング、ダイナミック・ケイパビリティ理論などは、具体的な経営技術を抽象化し論理モデルとして作り直されている点に特徴がある。
- 経営技術のコンセプト化の先に、システム化・パッケージ化によって、経営技術が一つの製品として世界中に売られることもある。
- 日本の産官学は総じて経営技術のコンセプト化やシステム化・パッケージ化に出遅れてきた。しかし、知識創造理論やQRコードなど、日本発のコンセプトやシステムもあり、希望はある。
- アメリカのコンセプト化の上手さと、世界中から優れた経営技術をどん欲に取り入れる健全なハングリー精神は、日本も見習うべきである。

用語解説

経営技術の逆輸入：もともとは日本企業の経営実践から生まれた経営技術が、アメリカをはじめとする諸外国の産官学によってコンセプト化され、再度日本に持ち込まれる状況。

リレーショナル・ビュー：企業の競争優位の源泉を分析する際に、一社だけに注目するのではなく、その企業が別の企業・組織といかなる「関係」を結んでいるのかに着目する考え方。

創発的戦略：行動を起こして、市場等からのフィードバックを受けているうちに、徐々に形作られていく戦略のこと。頭の中で事前に合理的に考えた戦略ではない点に特徴がある。

制約条件の理論：仕事全体のスピードの足を引っ張っているボトルネックに着目する理論。ボトルネックの解消を繰り返していくことで仕事全体の流れが良くなるとされる。

コンカレント・エンジニアリング：主に製品開発において、多数の開発段階を同時並行（オーバーラップ）させながら進めていき、問題を先回りして解決していくこと。

ダイナミック・ケイパビリティ：経営環境の変動に合わせて、既存資源の組み換えと再構築をおこない、長期的に生存し続ける能力。

知識創造理論：組織内で新たな知識が生みだされるプロセスを説明する、日本発の経営理論。

第1章では、アメリカ発とされる経営コンセプトのいくつかが、実は日本企業の経営技術にもとづいて生まれていたことを確認してきた。それでは、日本の経営実践・経営技術はどのような過程を経て、アメリカ発のコンセプトとなるのだろうか。

この疑問に答えるべく、**日本の経営実践がアメリカ発のコンセプトへと変化していく過程をいくつか確認していく**のが、この第2章の主な目的である。

その意味で、日本の経営技術・経営実践の諸外国によるコンセプト化のケーススタディを一つずつおこなっていく、とも表現できるだろう。

本書の第1章を読んで「やはり日本の経営技術はすごい」「アメリカ（海外）恐るるに足らず」と早合点してしまうのは間違いである。なぜならばアメリカの産官学にはコンセプト化という強みがあり、これは日本の産官学が学ぶべきことであるためだ。**根拠なき悲観論を払拭しても、今度は根拠なき自信、すなわち自信過剰になってしまっては元も子もない。**

当然のことながら、諸外国、特にアメリカから学ぶべきことはたくさんある。

なんといってもアメリカは、経営技術という意味でも、経営学という意味でも、世界一であることは間違いない。日本はすべてダメだというのは間違いだが、世界一のビジネス大国アメリカをあなどってしまうのはそれ以上に間違いである。

図6　本書における第2章の位置づけ

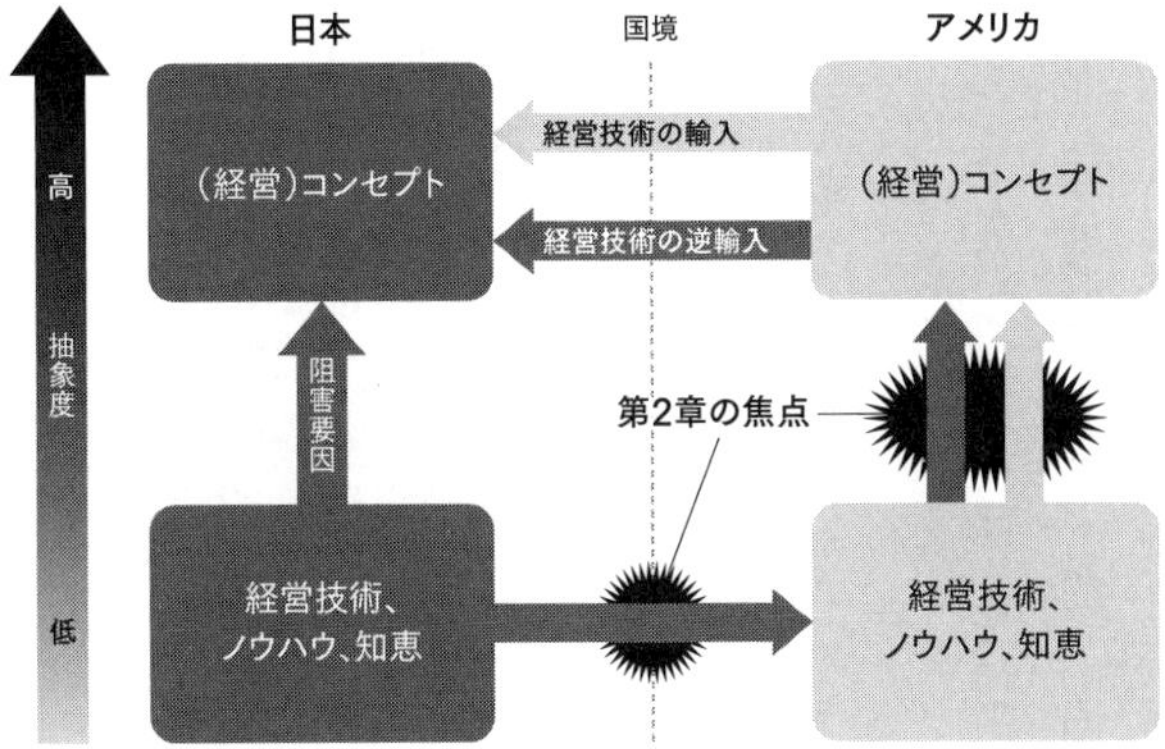

そこでここでは、アメリカの強みであるコンセプト化の力の実例をいくつか確認していく。ここで「アメリカにはコンセプト化の力がある」と抽象的に主張するよりも、具体的な事例を紹介していった方が、実感を持っていただけるだろうと考えるためだ。

これから紹介していく事例は、日本の経営実践がアメリカでコンセプト化されてアメリカ発の経営技術とされたり、さらにコンセプト化されてアメリカ発の経営コンセプトや経営理論になったりしたものである。なお、経営技術は経営を効率的・効果的におこなうための知識のことを指し、経営理論は経営現象を論理的に説明できる知識体系を指す。

ここで、第2章の位置づけを図示すれば、図6

の通りになる。

本章では、日本の経営の現場に根差した文脈依存的・具体的な経営技術が、いったんアメリカ等を経由して、そこにおいて抽象化されコンセプトへと昇華されるというプロセスをみていくのである。すなわち、図6の中において、強調されている2本の濃い灰色の矢印を具体的に追っていく。

なお、第1章と同じく、次節からはじまる事例の数々には相互の関連性が薄い。そのため、独立した事例集として読んでいくことをおすすめしたい。

最初は「ケイレツから組織間関係論、そして企業のソーシャル・キャピタル論へ」である。

ケイレツから組織間関係論、そして企業のソーシャル・キャピタル論へ

日本の大手製造業の中には、部品供給者・サプライヤーとの間に長期的な関係を構築するという慣行がよく見られる。特に、自動車産業においてそれは顕著であった。

たとえばトヨタであれば協豊会、日産であれば日翔会、マツダであれば洋光会といったよ

うに、部品のサプライヤーが加盟する業界団体が存在する。

部品メーカーと完成車メーカーには、資本関係がある場合も、そうでない場合もある。ここで重要なのは、資本関係の有無に関係なく、長期的な取引と信頼関係を通じて「ウチは○○（完成車メーカー名）系ですから」という意識が根づくことだ。

こうした、部品の取引関係のある企業同士の緩やかな連合関係を、「系列、ケイレツ」という。

この系列という単語は、トヨタ系列、日産系列、ホンダ系列、マツダ系列というように使用される。「系列」は海外においても、「ケイレツ（Keiretsu）」という日本語のままで通じることが多い。

ケイレツというサプライヤー・ネットワークないしサプライヤー・システムには、すでに述べたように、必ずしも資本関係に根差さない連合関係という特徴がある。**ケイレツに参加している企業群は一つひとつ基本的に独立した企業であるが、同時に、まるで一つの巨大企業のようにふるまう**のである。

このように、独立している企業同士がまるで一つの巨大組織として協働することは「中間組織」などと表現されることもある。

ケイレツ内では、部品の設計を公開したり、設計を互いに任せたり、生産設備を見せ合ったり、材料を融通しあったりといったことがおこなわれる。

これらは、ライバル関係にある企業同士であれば、考えられないことだ。

筆者が、東京大学・藤本隆宏教授（現在は早稲田大学教授）および二松學舍大学・加藤木綿美《ゆうみ》専任講師（現在は明治学院大学准教授）とおこなった調査では、ケイレツに属する企業は、災害時には企業の垣根を超えたチームを即席で構築し、わずか数週間での生産復旧を可能にすることが判明している。

つまり、**ケイレツは、災害に対する復旧力・レジリエンスさえも担保している**のである。

もちろんケイレツには、独立した企業として、系列外の企業と取引をおこなったり、厳しい価格競争を繰り広げたりする側面もある。ケイレツは、完成品メーカーからすれば、価格競争力など市場での部品調達・外製のメリットと、関係特殊的な投資の促進や情報の共有、助け合いといった内製化のメリットとを併せ持っている。なお、ケイレツの持つこうした経営効果は、オックスフォード大学の酒向《さこう》真理教授や、一橋大学の西口敏宏名誉教授、大阪大学の延岡健太郎教授、ケースウェスタンリザーブ大学のスーザン・ヘルパー教授などによって研究されている。

さらに、こうしたサプライヤー関係の中に競争優位の源泉を見出したブリガムヤング大学のジェフリー・ダイヤー教授とペンシルバニア大学のハーバー・シン教授は、これをリレーショナル（組織間関係）・ビューとしてまとめあげた。これは、企業の競争優位を説明するには一企業を見るだけではダメで、サプライヤー・システム全体に着目する必要があるという理論である。

それまで、企業の戦略的な優位性は基本的にその企業自体に由来すると考えられてきた。一企業の内部に貴重な資源や能力があるとか、外部環境に対しての自社の位置づけを企業内部で考えているといったことが、企業に競争優位をもたらすと考えられたのである。

これに対して、**リレーショナル・ビューは「一社だけを観察することの限界」を指摘した**ものといえる。この指摘の影響は大きく、現在でも組織間関係論は経営戦略論の重要な領域となっているほどだ。

さらに、リレーショナル・ビューは、主に社会学分野で発展してきたソーシャル・キャピタル論（人間社会には、お金をどれだけ持っているかという経済的資本や、知へのアクセス可能性がどれだけ高いかという文化資本に加えて、相互に信頼できる人が周囲にどれだけいるかという社会関係資本が存在すると指摘する理論）と合流し、近年では「企業・組織のソーシャル・キャピタル論」へと発展してきている。個人と同様に、**企業や組織もまたソーシャル・キャピタルを持つ**というわけである。

実際に、いくつかの研究によって、ケイレツ企業間における知識の共有と、災害や不況など、いざというときの協力関係は、高い相互信頼に根差していると指摘されている。

このように、日本企業が作り上げてきたケイレツというサプライヤー関係、経営技術は、リレーショナル・ビューや組織のソーシャル・キャピタルという概念で、再解釈された。そして、こうして再解釈された理論は、現在でも経営学の主要理論となっているのである。

ホンダの原付が「創発的戦略」に昇華されるまで

1959年、日本が敗戦から立ち直り高度経済成長期に突入してしばらく経った頃のことだ。当時、アメリカのバイク市場のシェアは約半分がイギリス企業によって占められている状態だった。しかし、それから1966年までの数年間で、またたく間にホンダがイギリス企業を追い落とし、なんと一社単独でアメリカバイク市場の60%超のシェアを占めるようになった。

いったいホンダはどんな魔法を使ったというのか。

イギリス政府がそんな疑問を持つのも当然だった。イギリスの国益にも影響することだからだ。そこで、イギリス政府はすぐにボストン・コンサルティング・グループに調査を依頼した。

その結果、1975年に報告された調査結果の内容は「ホンダは見事な海外進出戦略を立てたからイギリス企業に勝てたのだ」というものだった。

それまで、アメリカのバイク市場では、もともと若干ガラの悪い人たちが乗りこなす大型のバイクが主流製品であった。ホンダはそこに、普通の学生や女性といった人たちが安価な移動手段として使用する、小型バイク市場というニッチを見つけたというのだ。さらに、そのニッチ市場をスーパーカブという新製品によって攻めつつ、生産台数を増やし、経験曲線効果によってコスト優位を得たという。

成長性の高いニッチ市場を発見し、独自の製品でニッチ市場を独占し、シェアを増加させ、量産効果・規模の経済でコストを下げる。まさに経営戦略の教科書に出てきそうなお手本のような経営だったというわけである。実際に、ホンダの事例は当時のアメリカのビジネススクールのケーススタディに取り上げられることが多かったといわれる。

しかし、スタンフォード大学のリチャード・パスカル教授は、この説明に疑問を持った。そして、ホンダのアメリカ市場進出の責任者たちに対してあらためてインタビュー調査をおこなったのである。

丹念な調査によって判明したのは、**実はホンダのアメリカ市場進出の現場で起こっていたことは、ＢＣＧによる説明とは正反対**という事実だった。

ホンダのアメリカ市場進出計画は、実際には、「日本でバイクが売れるようになったのなら、次は本場アメリカに進出すべきだ」といった程度のものだった。ようするに明確な戦略目標はなかったという。

ホンダが市場に投入した製品も、当初は主流の大型のバイクだった。しかし、大型のバイクはイギリス系バイクメーカーや、アメリカ企業であるハーレーダビッドソンなどに勝てず、次に投入した中型バイクもふるわなかった。そもそも商品が売れる時機を逸してアメリカ市場に参入したという事情もあった。

そんな中にあって、ホンダの営業部隊が移動に使っていた小型の原付であるスーパーカブを売ってほしいという販売店が現れたのだ。

ただし、ホンダの戦略のすべてが行き当たりばったりだったわけではない。

ホンダの戦略はＢＣＧの分析のように、事前合理的に緻密に組み立てられたものではなかった。しかし、一度小型バイク市場というニッチを発見してからは、ホンダはこのニッチ市場でのシェア獲得と市場そのものの拡大のために、次々と合理的な施策を打ち出したのである。

まず、ホンダは販売員にスーツとネクタイを着用するよう求めた。これまでの薄暗くて怖い店主によるバイク販売のイメージを一新するためだ。そして、広告もバイク専門誌だけでなく『ＬＩＦＥ』誌など一般消費者が読むような雑誌に掲載した。その広告も、ファミリーや学生、主婦などが通勤や買い物などさまざまなシーンでスーパーカブを乗りこなす様子を絵や写真で表現したものだった。さらに、そこに「You meet the nicest people on a HONDA（意訳：素敵な人たちはみんなホンダに乗っている）」というキャッチコピーがついた。売上が伸びるにつれて、経験曲線効果によって、価格競争力も付随してきた。

こうしてホンダはこれまでバイクに乗ることがなかった層に訴求していき、当初ニッチ市場だった小型バイク市場を独占し、市場そのものを拡大することができたのである。その結果が、わずか7年ほどでアメリカのバイク市場の過半数のシェアを得るという大成功だった。

パスカル教授によるホンダの事例研究は、マギル大学のヘンリー・ミンツバーグ教授によって、「創発的戦略」「クラフト戦略」といった概念でとらえ直された。

これまで、経営戦略というと、典型的には経営企画部の情報収集を基にして、トップマネジメントが事前合理的に練り上げるものだとされてきた。それに対してミンツバーグ教授は、実際のトップマネジメントの仕事は、机に向かって沈思黙考するようなものではないと指摘した。トップマネジメント層は、さまざまな打ち合わせや会合に細切れで参加する必要があり、じっくりと思索にふけるほど暇ではないというのだ。

ホンダの海外進出戦略もまた、日々の試行錯誤の仕事に忙殺されながら生まれた。チャンスをつかんだらそのたびに頭を使って戦略を練り、市場からフィードバックをもらって戦略を修正するというものだった。すなわち、**仕事の中から生まれてくる、創発してくる、経営戦略**だったのである。

現在、創発的戦略は世界の経営実務界および学界からも受け入れられている。

それどころか、戦略策定プロセスや戦略実行プロセスに関しての研究は、現在では事前合理的な戦略の研究以上に盛んに研究されているといえるほどだ。

『ザ・ゴール』が広めたボトルネックの理論

日本の生産管理は当初から、ストックよりもフローに着目するものが多かった。

ここでストックに着目した生産管理とは、固定資産である機械の稼働率の最大化を目指して大量生産をおこない、完成品在庫の量や流れについてはあまり気にしないような考え方を指す。これはこれで、モノが売れる時代であれば、非常に効果的・効率的なマネジメントではある。

これに対して、日本は戦前・戦後を通じて、ヒト・モノ・カネに乏しかった。そのため、限りある資源を素早く消費してモノに換え、それを売ってカネに換え、また資源を仕入れるというスピード重視のマネジメントがおこなわれることが多かった。この点は、本書でもすでに何度か説明している通りだ。

そして、資源のフローに着目した生産管理のあり方が「流れ生産」である。

これは、フォード方式を日本流に再解釈し、日本の工場現場の実践の中で生まれてきた生産管理手法だ。高価なベルトコンベアの導入が難しかった日本の中で、なんとか効率的な生産工程を作れないかという試行錯誤をおこなううちに生まれてきた。流れ生産は、「能率の父」とも称される上野陽一氏が率いる日本産業能率研究所のコンサルタント等によって、日本中に広まったとされる。

そうしたコンサルタントの中でも、新郷重夫氏は世界的に有名である。現在では、日本国内よりも、世界での知名度の方が高い可能性さえある。

一例として、世界には製造業のノーベル賞といわれる賞が二つあるが、その一つは、新郷重夫氏の名前を冠する、ユタ州立大学によって贈呈される新郷賞である（なお、もう一つは、日本の経団連会長が委員長を務めるデミング賞委員会によるデミング賞である）。また、筆者がフィリピンのとある半導体製造工場を訪れたとき、そこのフィリピン人工場長が「自分にとってのスーパースターはシゲオ・シンゴウとジョセフ・ジュランだ」と熱っぽく語っていたのが、記憶に残っている。

新郷氏は、ノン・ストック生産とシングル段取りで知られる。また、生産現場でよく使われる作業ミス防止の工夫に対して「ポカヨケ」という名前をつけたことでも知られる（たとえば、郵便ポストが大型と小型とで差込口の大きさを変えているのはポカヨケの一種だ）。余談だが、もともとポカヨケはバカヨケと呼ばれていたが、新郷重夫氏が女性作業者から

「私はそんなにバカですか」と泣かれてしまったことから、ミスはバカではなくちょっとしたポカなのだということで改名したという経緯がある。

ノン・ストック生産とは、その名の通り在庫を削減していく生産手法のことである。

そして、シングル段取りとは、一つの機械が稼働している間にできる限りの段取りを済ませ（内段取りの外段取り化）、生産品目の切り替えを素早くおこなうことである。切り替えにかかる時間が９分台（シングル）以下という驚異的な素早さになるために、シングル段取りといわれている。

これらはどちらも製品の流れを意識した手法である。こうした在庫や無駄な作業時間が少ない生産現場では、次に述べるような論理によって「工場全体の足を引っ張っている場所」が分かりやすくなる。

いま、工場に二つの工程があるとする。たとえばパンの耳を切る工程と、パンにハムとレタスを挟み込む工程などだ。そして、前工程であるパン切り工程が１時間に１００セット加工できるとして、後工程であるハム・レタス挟み込み工程では同じ時間で80セットしか加工できないとする。

すると、在庫を許さないとすれば、後工程はフル稼働なのに前工程は暇な時間ができる。

もたもたしている後工程を、前工程がやきもきしながら眺めているイメージだ。これが反対でも同様である。在庫がなければ「ここの加工が遅いせいでみんな待っている」という場所が分かる。そこで、当該箇所の機械を増強するなりといった対策が取られるわけである。

このとき、**全体の足を引っ張っている箇所のことを「ボトルネック」という。**

瓶（ボトル）の首（ネック）は狭くなっていて、その隘路《あいろ》でワインや水などの液体の流れのスピードが決まることからこう名づけられている。工場に限らず、ビジネスの現場で「あそこがボトルネックだな」というように使用したことがある方も多いだろう。書類の決裁でも、税金の計算でも、書籍の執筆でも、分担がある限り必ずボトルネックは存在する。

こうしたことは新郷氏も認識していたし、新郷氏がコンサルタントとして参加していたトヨタ自動車においても同様であった。

実際に、トヨタ生産方式の父とされる大野耐一氏も、トヨタ生産方式の持つ経営効果は、フリー・キャッシュフロー増加などもあるが、究極は「問題が見えやすくなることによる経営意識の浸透」であるとしている。しかし、これをボトルネックという表現と制約条件の理論というパッケージ化によって世の中に広く知らしめたのは、イスラエル出身のエリヤフ・ゴールドラット博士であった。

ゴールドラット博士は、アメリカなどを中心に生産管理のソフトウェアを開発・販売していた人物である。トヨタ生産方式に出会って以来、ボトルネックに注目する「制約条件の理論」を生産管理ソフトウェアに取り入れ、そのソフトウェアへの理解を得るために小説『The Goal』を執筆した。

小説のあらすじは、経営が傾いた町工場を制約条件の理論で復活させるというものである。これまであまり知られていなかった日本の経営技術の極意が、非常に分かりやすくストーリーで学べるとあって、『The Goal』は世界的なベストセラーかつロングセラーになった。

こうして制約条件の理論が世界的な潮流になった。

その結果、ゴールドラット協会やゴールドラット・コンサルティング・グループにはコンサルティングの依頼が殺到した。

フロントローディング開発とコンカレント・エンジニアリング

戦前から高度経済成長期に至るまで、長らく日本企業はヒト・モノ・カネに乏しく、その状況がさまざまな経営技術を生みだす土壌になってきた。

リーン生産方式はその代表例であったし、終身雇用・年功制・企業別労働組合という日本的経営もまた、乏しい人的資源を企業が囲い込むためのものであったともいえる。

そうした状況において、日本企業は、職務を明確化させて職務ごとに人員を配置するよりは、従業員に職務間をローテーションさせ、さまざまな職務を担える人材を育成してきた。職種間の明確な分担にもとづいた協業よりは、職務を重複させたチームワークによって企業活動をこなしてきたのだ。

このような、日本企業がつちかってきたチームワーク重視の経営技術は、製品開発活動においても活かされた。具体的には、日本の新製品開発は、コンセプト企画、デザイン、木型の製作、治具・工具の製作、一次試作、量産試作、生産準備、量産などといった複数のプロセスを同時並行的にオーバーラップさせて進めていく。

以前のアメリカ企業は、コンセプトが決まってデザインに着手し、デザインが確定して初めて木型に取り掛かるといったように、各プロセスを一つずつ順番にこなしていた。それに対して、**日本の製品開発手法においては、各工程が並行的・並列的に進められるため、開発にかかる時間は短くて済む**。それにより、流行や技術変化といった時流に合わせた機動的な製品開発が可能になるのである。

ただし、フロントローディング開発においては、各プロセスが確定する前に同時に仕事に取り掛かるため、製品開発に関わる部門間で常に情報共有と問題解決をおこなわなければならない。しかも、製品開発には数千人が関わることもあるし、高度に専門化された部門同士での難しい調整が求められる。そのため、このような**調整活動に普段から習熟していることが、同時並行型の製品開発活動の前提条件**になっている。

このように、日本の製品開発の現場では、各開発プロセスを重複して進め、後々に生じる問題を前倒しで（つまりフロントにローディングして）解決する。このような製品開発手法は、東京大学・藤本隆宏教授等によってフロントローディング開発と表現されたりした。

さらに、藤本教授は、こうした新製品開発活動を支える組織を「重量級プロダクトマネジャー」として定式化している。

これに前後して、一橋大学・野中郁次郎名誉教授とハーバード大学・竹内弘高教授もまた、キヤノン、日本電気、ホンダ、富士ゼロックスといった企業の製品開発事例を基に、こうしたフロントローディング型・オーバーラップ型の新製品開発をラグビーにたとえ、「スクラム型製品開発」と表現した。このことは、アジャイル開発の節においてすでに触れた通りである。

スクラム型というのは、アメリカ企業のリレー競争型の製品開発と対比した表現である。日本発のこれらのコンセプトは、世界中での製品開発研究を刺激し、後続研究が次々と生まれることになった。製品開発に関しては、これまで述べた経営技術と比べると、日本人研究者によるコンセプト化が世界から受け入れられたといえる。

実際に、重量級プロダクトマネジャーやスクラム開発といった言葉は、現在でも実務界・学界双方で使用されている。

しかし、日本企業の製品開発に関するこうした経営技術を上手くまとめたのは、マサチューセッツ工科大学研究員のダニエル・ホイットニー博士かもしれない。フロントローディング、オーバーラップ、サイマルテニアス、スクラムなどと呼ばれている経営技術を「コンカレント・エンジニアリング」としてまとめているためである。

ホイットニー博士の以前にもコンカレント・エンジニアリングという言葉自体は存在したものの、これを一般向けの著書として広く紹介したのはホイットニー博士であった。

さらに、このコンカレント・エンジニアリングは、コンピュータ支援設計（CAD）やコンピュータ支援製造（CAM）のシステムに取り込まれることになる。コンピュータによって調整が容易になるということで、パッケージ化されたのである。そして、このソフトウェア化・パッケージ化をいち早く成し遂げ利益を得たのもダッソー、シーメンス、ＰＴＣといった欧米系企業であった。

このように、製品開発分野においては、日本発のコンセプトも世界に定着しているといえる。しかし、最終的にそれをパッケージ化して世界に売り込む点にかけては、日本はやはり欧米に一歩後れをとってしまったのである。

日本の経営実践とダイナミック・ケイパビリティ論

これまで、経営学は、企業の競争力の差が生まれる原因（競争優位の源泉）を探求してきた。

こうした探求の力点は、外部環境に自社をどう位置づけるかという戦略から、自社にある貴重な資源や能力、さらには環境変化に応じた資源や能力の組み換え能力へと、移ってきた。経営環境の不確実性と複雑性が高まるにつれて、一時点での戦略や資源に着目するだけでは不十分だとされるようになったのである。

そして、日本企業の中にも、こうした資源の組み換えに長けた組織があった。

たとえば、慶應義塾大学の菊澤研宗教授（当時）は、富士フイルム、ソニー、ＹＫＫといった日本を代表する企業は、一時期の競争で負けたとしても、資源を組み換え新たな製品を開発したり市場を開拓したりして、長期的な競争に勝てたと指摘している。

トヨタ自動車もまた、こうした能力を保持している。

たとえば、筆者がおこなった調査では、前出のトヨタ自動車においては1生産ラインで5～6車種の同時生産を可能にする「変種変量ライン」という経営技術によって、既存の生産車種の製造コスト削減と、新車種生産の迅速な実現との両方が達成されていることが分かった。変種変量ラインにおいては、生産ラインに余力があれば、新製品を市場に投入するために生産ラインを新たに整備する必要がなくなるためである。

さらに、トヨタ自動車をはじめとして、日本の自動車メーカーの新製品開発は高度にルーティン化されていることも、ハーバード大学のキム・クラーク教授と東京大学・藤本隆宏教授との調査によって判明している。特に、**新製品開発においてルーティン化されているのは、資源の組み換えにおいて生じる調整活動**であった。こうしたルーティンが資源組み換えの組織能力を担ってきたのである。

藤本教授はさらに、トヨタ自動車のもつ組織能力を、一時点での資源活用力である静態的能力と、静態的能力の生産性向上に影響する改善能力、さらにそれらの能力を担保するルーティンそのものを変化させる進化能力というように定式化した。

ただし、こうした資源の組み換え能力を世界中に受け入れられる形でコンセプトに落とし込んだのは、カリフォルニア大学バークレー校のデビッド・ティース教授だった。

ティース教授はこうした能力を「ダイナミック・ケイパビリティ」という言葉で表現し、これを競争優位の源泉についての経営学・経済学の研究潮流の中で上手く位置づけた。具体的には、経営学が主に着目してきた競争優位の源泉（経済レント）は、独占状態によるチェンバレン的レントから、貴重な資源を持っていることによるリカード的レント、そしてイノベーションを引き起こすことによるシュンペーター的レントへと移り変わる過程にあるとした。

そして、シュンペーター的レントを説明するのがダイナミック・ケイパビリティだというわけである。

ティース教授のアイデアは、１９９０年代初頭に書かれた執筆途中の原稿であるディスカッション・ペーパーの段階、また実務者向け雑誌『California Management Review』にアイデアの概要を書いた段階から注目を集めた。その後、１９９７年にアメリカ経営戦略学会(Strategic Management Society）が発行する『Strategic Management Journal』誌にこのコンセプトを説明した論文「Dynamic capabilities and strategic management（ダイナミック・ケイパビリティと戦略的経営）」が掲載されると、たちまちこの論文は経営学の領域で最も引用される論文の一つとなった。

実際に、発表から10年後にアメリカ戦略経営学会から最多引用論文賞を受賞しているほどである。

奇しくも、ダイナミック・ケイパビリティに関するティース教授の代表的な論文が発表されたのも、藤本教授によるトヨタ自動車の進化能力についての著書『生産システムの進化論』が出版されたのも、同じ１９９７年である。実際にこの時期、デビッド・ティースは、キム・クラーク教授、ジェームズ・ウォマック博士、藤本教授といった日本の自動車産業の研究をおこなっていた研究者たちとダイナミック・ケイパビリティについての議論をおこなっていたという。

その証左として、先述したティース教授の１９９７年の論文では、１ページの3分の1を超えて半分に迫る、長大な「脚注36」において、藤本教授の研究を引用しながら、トヨタ自動車の自働化、カイゼン、一個流しなどの生産管理手法に触れている。こうした複数の経営技術が絡み合って組織能力を構成しているというのである。

ここで見てきたように、日本の経営技術の中には、ダイナミック・ケイパビリティを担保しているものもあった。しかし、これを明確にコンセプト化したのは、やはりアメリカの研究者だったのである。

知識創造理論、ＱＲコード、コールドチェーンという希望

ここまで、日本の経営技術が海外で、主にアメリカで、コンセプト化されてアメリカ発の経営学として世界中に広がっていく事例をみてきた。

読者によっては「日本はいつもアメリカにしてやられているな」という感想を持たれると思われる。あくまでも筆者の主観ではあるが、ここで取り上げきれなかったものを含めても、全体的に日本は経営実践や経営技術では健闘しているものの、**コンセプトではほとんどボロ負けに近い**という実感がある。

ただし、ここで取り上げている事例は、筆者が自ら選んだものである。そのため、あえてこうした印象のものばかりを取り上げた可能性がぬぐえないと思われる方もいらっしゃるだろう。

本当であれば、経営学的コンセプトの全体集合からランダム・サンプリングを実施して、その中に日本の経営技術から発展したものがどれだけあるか調査する必要がある。しかし、本書は、序章でも述べている通り、研究書や研究論文としての精緻さを求めているわけではない。それよりも、回り道せずに、主張をまっすぐ届けたいと考えている。そのため、ひとまずは筆者の実感を追体験してもらうにとどめた。

このように、見わたすかぎり「経営技術の日本、コンセプトのアメリカ」という状況だが（もちろん、アメリカも経営技術を次々と開発しているが）、それでも希望はある。日本の経営技術がコンセプトとして、あるいはシステムとして、世界中に広がった例もあるからである。

第2章の最後の事例として、こうした希望を持てるものを取り上げることとする。一つは知識創造理論、もう一つはＱＲコードである。

日本企業はチームワーク重視の経営をおこなってきたと、本書でもすでにいくつかの箇所で指摘している。遅い昇進、ジョブローテーション、ＯＪＴ、終身雇用、年功序列、企業内労働組合などは、そうした経営を支えるものだった。そして、そのようなチームワーク重視の経営の中で、**日本企業は「知識創造の経営」を可能にする経営技術を確立**してきた。

知識創造の経営とは、組織が構成員の持つ知識を活用しながら、構成員が持つ知識の総和以上の知識を生みだし続けるような経営のことである。

具体的には、たとえば日本企業は従業員が公式・非公式的に交流する「場づくり」に関する経営技術を構築してきた。ホンダの「ワイガヤ」や「山ごもり」といわれる合宿、飲みニケーション、サークル活動、根回しなどである。

そこでは、言語を超えた共感、そして共感の図表化や言語化、そして図表化・言語化されたもの同士を組み合わせた新たな知の創出、さらに組織構成員による新たな知の受容といったプロセスがみられた。

こうした日本企業においてみられた知識創造の経営技術を、１９９０年代を通じてコンセプト化したのが、一橋大学・野中郁次郎名誉教授であった。

野中名誉教授は、哲学者マイケル・ポランニーの議論を援用して、世の中に存在する知識を図表化・言語化できる「形式知」と、他者と共感はできても明示的に示せない「暗黙知」とに分類した上で、それが組織の中でいかに変化しながら増幅されていくかについてのプロセスをモデル化した。

まず、各自の思いへの共感によって組織構成員間で暗黙知が共有される「共同化

（Socialization）」、共感をチームで図表や言葉に落とし込む「表出化（Externalization）」、こうして表現された知識を体系立ったものにする「連結化（Combination）」、そして体系立った知識を実際に体験することによって腑に落ちさせる「内面化（Internalization）」という段階があるというのである。これらは頭文字をとってＳＥＣＩモデルなどと呼ばれる。

ＳＥＣＩモデルを提案した「知識創造理論」は、世界中で注目され、２０００年にはナレッジ・マネジメント（Knowledge Management）で通じるようになった。

それから現在に至るまで、知識創造理論は世界の経営学の主要な理論および研究領域であり続けている。また、富士ゼロックス（現・富士フイルムビジネスイノベーション）はＺ－ＥＩＳ（全員エンジニアリング・インフォメーション・システム）という知識創造を活性化させるグループウェアを構築したり、知識創造理論にもとづいてＫＤＩ（ナレッジ・ダイナミクス・イニシアティブ）というコンサルティング・サービスをパッケージ化して世界に向けて提供したりしている。

知識創造理論に関していえば、日本の経営技術にもとづいたコンセプト化やシステム化、パッケージ化にいたるまで、日本の産官学は世界をリードしつつあるといえるだろう。

もう一つ、どちらかといえば工学に近いが、コンセプト化にもシステム化にも成功し、世界中にイノベーションをもたらしている経営技術がある。

それは、ＱＲコードである。

なお、ＱＲコードがいかにして世界の決済基盤となるほどのイノベーションとなったかについては、２０２０年に出版された神戸大学の小川進教授の『ＱＲコードの奇跡』や、ＱＲコードの開発者の一人であるデンソーの野村政弘氏らによって『生産管理』誌に投稿された「ＱＲコード（2次元バーコード）の開発と生産管理」にくわしい。

ＱＲコードは、もともとトヨタ自動車の一次サプライヤーであったデンソーによって開発された。そもそもは、トヨタ自動車から送られてくる「カンバン」を読み取るためのものとして研究されたのがＱＲコードの始まりである。

なお、カンバンとは、完成品在庫・中間在庫の量をコントロールするために、生産指示書としての機能を持たせた札のことである。トヨタ生産方式は「必要なときに、必要なものを、必要なだけ」生産する経営技術の体系だとすでに述べた。そして、トヨタ生産方式の最終段階として「早く作りすぎない」ように、カンバンの数だけ生産させるようにしたのである。

ただし、トヨタ自動車に部品を供給するデンソーからすれば、大量のカンバンから情報を読み取らねばならず、その事務作業が大きな負担となっていた。

カンバンによって現場の生産性は上がるかもしれないが、同時に管理コストが上がってしまっていたのである。この問題を解決するために野村らはカイゼン活動をおこなった。その結果、１９７０年代後半には、バーコードとその読み取り機が生まれた。

しかし、このときのバーコードは横長であり、ワンタッチでの読み取りが難しかった。また、カンバンにはさまざまな情報が記載されるのだが、バーコードをつけるとそうした情報を記載する余白がなくなるという本末転倒な状況も生まれた。そこで、バーコードの小型化と情報量の増加という明確な目標が定められ、カイゼンが繰り返された結果として、二次元バーコードが生まれたのである。

デンソーの技術者たちは、この二次元バーコードにクイック・レスポンスというコンセプトから頭文字をとって「ＱＲ」コードという名前をつけたといわれる。

そして、ＪＩＳとＩＳＯに登録し、ＱＲコードを一般公開（パブリック・ドメイン化）したのである。当初は回転寿司の皿など限定的な利用であったが、その後、スマートフォンの普及とともに、ＵＲＬの読み取りや電子決済などに使用されるようになったことは周知の通りである。

いまでは、世界中の人たちがＱＲコードを使って商取引をおこなっている。

日本の生産管理コスト削減のために生まれた経営技術が、最終的に世界を変えたのである。そういった意味で、ＱＲコードは、コンセプト化とシステム化の両方に成功した経営技術だといえるだろう。

また、製造業以外から生まれ、コンセプト化とパッケージ化にまで成功しつつある優れた経営技術としてヤマト運輸の「コールドチェーン」がある。コールドチェーンとは、一言でいえば「モノの温度を一定に保ったまま別の場所に運ぶ」ための経営技術である。

コールド（Cold、冷たい）という修飾語の通り、現在は冷蔵や冷凍の状態での輸送および流通を指すことが多い。そのため、低温ロジスティクスや生鮮サプライチェーンマネジメントなどと呼称されることもある。食品や一部の医療品など、鮮度と温度管理が決定的な運搬業務では必須の経営技術である。

このコールドチェーンの難しさは、運搬の距離と積み直しの回数に比例する。少ない荷物を、短い距離で、一つの冷蔵設備付きトラックを用いて運ぶならば、荷物に合わせた温度調節をするだけでいい。しかし、これが長距離となって、移動途中にトラック間で積み直したり、一度倉庫に入れたり、船や飛行機を使う区間があったりすると、関係するすべての運搬者を考慮しながら温度管理をしなくてはならない。もちろん、モノによって最適な温度も違ってくる。こうしたさまざまな問題を解決するのがコールドチェーンというわけである。
コールドチェーンは２０１７年からヤマト運輸が世界に先駆けて実践しており、アジアを中心に世界中で需要を伸ばしてきた。そして、ヤマト運輸は、２０２０年に世界で初めて「小口保冷配送サービスに関する国際規格」とされるＩＳＯ２３４１２を取得した。

ヤマト運輸などの日本の物流企業による、コールドチェーンの世界への普及は、まだまだこれから進んでいく分野である。とはいえ、製造業以外からの世界発信の例としては参考になるだろう。

このように、日本には、優れた経営技術をコンセプト化・パッケージ化して世界に発信することでビジネス上の利益を得ている例もある。

問題は、こうした成功の数が、日本企業が本来持っている経営技術の優秀さと比較して少ない点にある。しかし、成功例も存在している以上、日本がコンセプト化でリーダーシップをとることも不可能ではないだろう。

第2章のまとめ

これまで見てきたように、優れた日本の経営技術の多くは、後にアメリカをはじめとする海外においてコンセプト化され、パッケージ化、システム化されて世界中に広まっていった。

こうしたことから、実践重視の日本に対して、コンセプト重視のアメリカというように対比することもできるだろう。もちろん、アメリカは実践という意味でも世界をリードしているので、正確には、実践もコンセプトも強いアメリカに対して、せっかく頑張っているのにコンセプトで負けてしまう日本というように表現した方がよいかもしれない。

もちろん、知識創造理論やQRコードなど、日本の経営技術が日本発のコンセプトとして、ないし日本発のシステムとして、世界中に広まっていった例もある。しかし、こういった例は稀有であるからこそ注目されるのである。

全体的な傾向としては、やはり日本発のコンセプトが世界中で定着するのは難しかったといえるだろう。

同時に、こうした事例から浮かび上がるのは、アメリカの研究者やアメリカ企業の持つ、コンセプト化の上手さと、日本のような言語体系のまったく異なる極東の島国の経営技術をもどん欲に取り入れる、健全なハングリー精神である。

アメリカの研究者やアメリカ企業は、優れた経営技術を探し求めて、世界中に情報網を張りめぐらせている。日本は、コンセプト化の力、具体的には「論理モデル構築力・普及力」と健全なハングリー精神の2点で負けているのである。

このうち、論理モデル構築力・普及力については、続く第3章と、本書の最終章で考察することにする。これに対して、健全なハングリー精神というのは、いわば「気の持ちよう」であるため、決意をすれば今日からでも持てるもののはずだ。

こういうと、「むしろ日本はハングリー精神があるから謙虚にアメリカから学んでいるのではないか」と反論したい人もいるかもしれない。

しかし、根拠なく自信を喪失してしまって、何でもアメリカに負けていると思い込むのはハングリー精神ではない。ハングリー精神があるならば、海外だけでなく国内でも、優れた経営技術を探し求めなければいけないからだ。健全なハングリー精神があるアメリカの産官学がアメリカ国内・国外の両方に注目していることを思い出すべきだろう。

だからこそ、根拠なき悲観論を超えた「健全な」ハングリー精神が必要なのである。

そして、強みを捨てて弱みを取り入れるような愚行を避け、アメリカや諸外国からきちんと強みだけを取り入れなければいけない。

実は、本書の第１章・第２章の目的は、こうした健全なハングリー精神への橋渡しとして、日本の経営技術を再評価することにあった。

とはいえ精神論だけでは何の解決策にもならない。

そこで、次章以降は、「コンセプト化の力」「論理モデル構築力・普及力」に焦点を当てて議論していく。こうした力が弱いとどんなデメリットがあるのか、逆に強くなればどんなメリットがあるのか、どうすればこうした能力を強化できるのか、といった点について次にくわしく考えていく。

第2章への補足：日本式経営の強みを活かしてイノベーション創出へ

日本式経営の強みは、**イノベーション創出の必要性が叫ばれる今こそ再認識すべき**である。技術発展と環境負荷が急速に進んだ複雑で不確実な現代社会では、一人の能力で対処できる問題はほとんどない。現代ほど、異なる知性が互いに建設的な意見を出しあい、協力し、高い目標に向かって進んでいく経営が必要な時代はないのである。

だからこそ、ヒトが価値創造の主役になり、多くのヒトが価値創造のための知識とマインドを持って協力しなければ、イノベーションは起こらず、生産性も高まらず、ＧＤＰも成長しないと考えられる。

トランジスタラジオ、カラオケ、胃カメラ、インスタントラーメン、新幹線、ウォークマン、家庭用ゲーム機……**日本はあらゆる分野に革新をもたらしたイノベーション大国**だった。日本がイノベーションを生み出せなくなったのは、むしろ中途半端に似非アメリカ式経営を取り入れた時期以降である。

こうした日本式経営の強みは、簡単な数理で示すこともできる。①経営教育により経営成果が得られやすくなる、②何事も他人の協力を得なければ実現できない、という二つの仮定から、簡単な計算によって驚くべき結論が得られるのだ。すなわち「**経営成果は、経営教育が普及している人数乗で、向上していく**」という結論である（次ページ図7）。

こうした過去の日本式経営の強みの本質を、筆者は「**価値創造の民主化**」と呼んでいる。

価値創造の民主化の理念型・理想型は次の通りである。一見すると理想主義的すぎる次のような経営が可能となる理由の一端は、価値創造の余地を無限と捉えるか、有限と捉えるかの違いにある。この点についても後に説明していく。

価値創造の民主化においては、すべての人がそれぞれの立場で価値創造に貢献することになる。たとえば、組織における上司の役割は、部下の価値創造の障害（＝ムダな仕事）を取り除くことである。顧客の役割は、製品の品質や価値を理解し、安易に製品・サービスを買い叩くことなく、適切な価格での消費を通じて、経営の原資を提供することだ。

さらに、経営者の役割は、価値創造の共同体を維持すべく、次の経営者を育てることである。従業員の役割は、経営者候補として、仕事に責任を持って取り組むことだ。そして、株主の役割は、アイデアと能力を持つ人の資金不足という障害を取り除くことだろう。

企業における大御所や重鎮の役割は、後進の成長を自分事として喜び、経験知を後世に残

図 7　価値創造の民主化

日本企業の過去の強みの本質
「価値創造の民主化」

前提1：経営教育によって成果がすこしは(仮に1%)得られやすくなる

前提2：何事も他人の協力を得てはじめて実現できる

結論：成果はべき乗で向上⇒10人で約1.1倍、100人で約2.7倍、1000人で約2万959.2倍、1万人で1000正倍(兆×兆×兆×1000万倍)以上

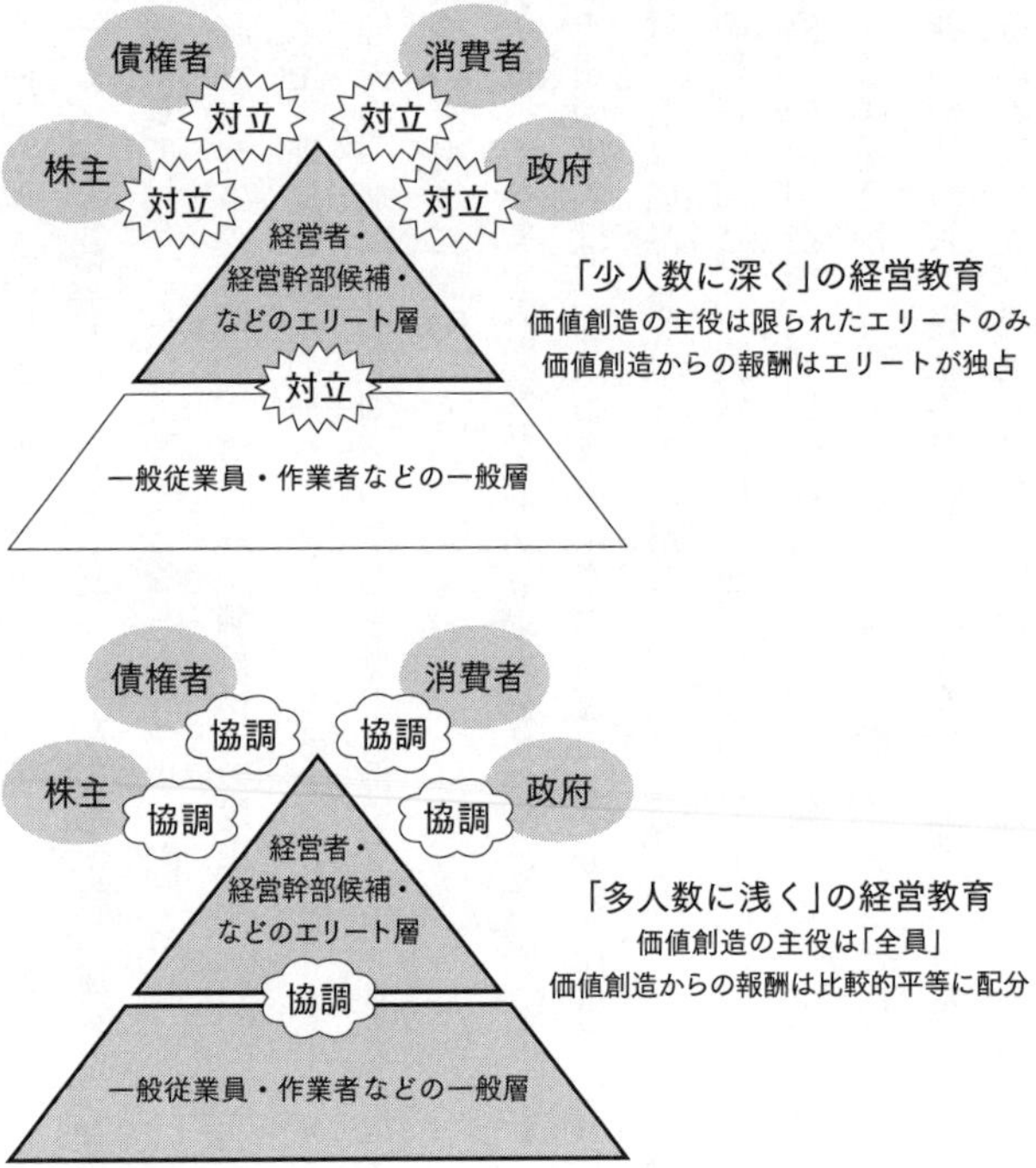

出所：筆者作成

すことである。最後に、政府の役割は、必要悪でしかない税金を減らすよう努力し、外交やインフラ整備を通じて、日本企業の国内成長と海外展開の障害を取り除くことである。

このように、**価値創造の民主化においては、仕事を楽しく作り変えることと生産性を上げることが両立できうる**し、実際にそれらを両立させる人材が産官学のリーダーとして尊敬されることになる。

もちろん、価値創造の民主化は、過去の日本式経営の強みを抽象化した理念型にすぎない。そのため、**この理念型を完全に体現した企業は、過去の日本においても存在していなかった**。こうした理念型を夢物語だと捉える読者も多いだろう。

しかし、価値創造の民主化がただの理想ではなく現実になりうる理由がある。それは、「**資源は有限でも価値創造は無限だ**」ということである。

人類は有史以来、数百倍を優に超えるほどの経済発展を遂げた（こうした試算の一つにマディソン推計がある）。だが、その間に、地球の質量は隕石と太陽光の分くらいしか増えていない。それどころか、人工衛星の打ち上げ等によって、地球の質量は減っているかもしれない。資源を組み換えて、人間にとっての価値を創り出すことで、経済発展が生み出されてきたのである。

そして、**価値創造の余地が無限であるならば、価値を奪い合う必要はなくなる。**この場合、価値は協働して創り出すものに変わるからである。そのためには、価値創造に貢献すべく経営意識と経営知識が多くの人に共有されている必要があるだろう。

このように、価値創造は無限に可能だと気付くことが、価値創造の民主化の前提条件なのである。

3

経営技術をめぐるグローバル競争時代を生き抜くために

日本企業はなぜ「強み」を捨てるのか

第３章の要約

- 現代は、世界中の企業や研究者等が優れた経営技術を世界中で探し求める、「経営技術をめぐるグローバル競争時代」である。
- 特定の文脈に依存した経営技術を、抽象化・論理モデル化によって文脈から独立した知識に変化させたものが、経営技術のグローバル競争時代を制することになる。
- こうした状況を正しく認識・把握していないと、一見すると優秀とされる実務家ほど経営技術を逆輸入してしまい、かえって現場本来の強みを捨てるという逆説的な状況に陥る。
- 抽象化・論理モデル化によって、経営技術を特定の文脈から独立したコンセプトに作り変えることで、企業に新たな事業機会が生まれる。
- コンセプト化の力は、海外拠点への経営技術の横展開のためにも、グローバル経営時代において必須のものとなる。
- 日本企業は、濃密な人間関係にもとづく阿《あ》吽《うん》の呼吸や根回しなど、文脈に依存するコミュニケーションを得意としてきた。これは日本企業の強みであると同時に、抽象化・論理モデル化の組織能力を低下させた可能性がある。
- これらの弱みは、意識を変えることによって、本書を読んだ今日からでも解決できる問題である。

用語解説

文脈依存度：ある知識が、特定のヒトやチームや企業や産業や国などの、事情・文脈に依存しないと伝わらない程度のこと。たとえば日本語の「すみません」という言葉は、文脈によって謝罪・感謝・依頼・挨拶などの意味に変化するが、これは文脈依存度が高い典型例である。

抽象化・論理モデル化：特定の文脈に依存した経営技術を、より抽象的なレベルでとらえ直し、論理モデルに変換すること。これにより、ある知識が、図表・数式・他言語などでも表現可能になり、誰にでも理解できるコンセプトとなる。

組織能力：個人の能力の集合を超えて、組織自体に蓄積された、組織ならではの能力。

国際最適拠点配置：グローバル経営において、企画・設計・生産・販売などのさまざまな経営機能を、必要な資源へのアクセスが最も良い場所に配置すること。

現代のほとんどすべての企業はグローバル競争下にある。

海外企業とのライバル関係にないと考えている地域密着型の企業でさえも、ある日突然に海外製品によって自社のシェアを奪われることがありうる時代である。

だが、**グローバル競争をくりひろげているのは、企業だけではない。**

ここまで繰り返し見てきたように、**企業が生みだす経営技術もまた、グローバル競争下にある**のである。そして、この「経営技術のグローバル競争時代」という状況を認識することで、企業はこれまで以上の競争優位を得ることができると考えられる。

ただし、経営技術のグローバル競争は、製品のグローバル競争や人材のグローバル競争と比べると見えにくいものである。そのため、経営技術のグローバル競争を日本企業にとっての好機に変えるためには、まずは**この状況を正しく認識することが大事**である。

逆にいえば、経営技術をめぐる国際的な競争状況を認識できさえすれば、他社との競争に一歩先んじることになる。

そして、こうした状況の認識自体は、本書をお読みになっている今日のこの一日、たったの一日でも可能になることである。

その意味で、製品や人材のグローバル競争と比べて、経営技術のグローバル競争ほど現段

図8　本書における第3章の位置づけ

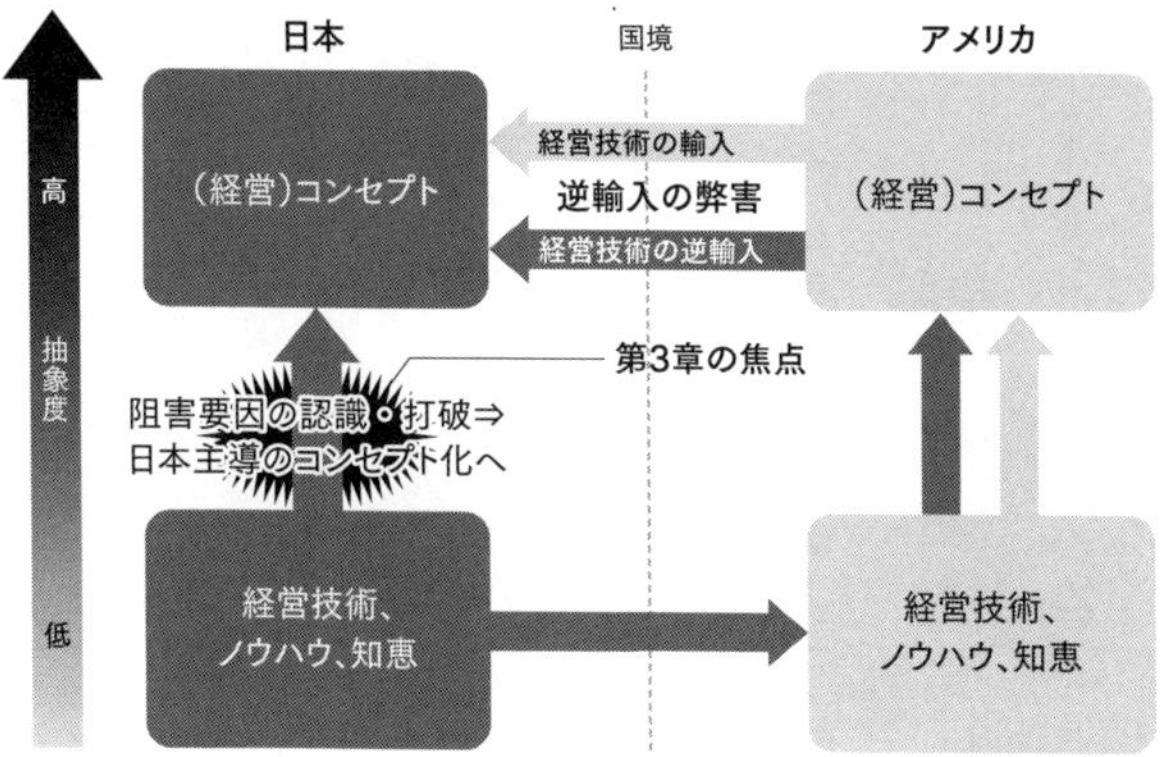

階での打ち手が明確なものはないだろう。繰り返しになるが、今何が起こっているのかを、まずは認識すれば良いのである。

そこで、この第3章では、こうした問題意識にもとづいて、これまで述べた事例に共通するモデルを提示する。それが**「経営技術の逆輸入モデル」**である。これについては、本章の最初の節で説明していく。次に、ここで提示する経営技術の逆輸入モデルであらわされる状況が引き起こされると、日本企業にとってどんなデメリットがあるのかについて考察していく。

その後、こうした経営技術の逆輸入的な状況が、日本社会・日本経済全体にとってどのような損失となるのかについて述べる。さらに、この状況下で日本の産官学はこれから何をすれば良いのかについて考え、この章を終えることにする。第3章の目的は図8のとおりである。すなわち、出発点として、経営技術の逆輸入の弊害を認識する。そして、経営技術の逆輸入状況から脱却するために、日本の経営技術のコンセプト化をはばむ要因を明らかにする。そして、こうした阻害要因をなくしていくには何が必要かについて、考えていくのである。

まずは「経営技術の逆輸入モデル」からだ。

経営技術の逆輸入モデル

日本であれ、海外であれ、企業は常に何かしら新しい知識・知恵を生みだし続けている。そして、そうした中には、経営を効率化させる知識の体系として、経営技術と呼べるものもあるだろう。本書においても、これまで日本企業が生みだした経営技術をいくつか紹介してきた。

どんな企業であれ、必ず、経営に関する新たな知を生みだし続けているが、これらの中にはさまざまなレベルの知識がある。たとえば、「〇〇社に営業にいくときには△△課の××さん経由だと上手くいきやすい」とか「このコピー機は湿度が高いときには印刷の質が下がる」といった、「ビジネス版の生活の知恵」といった様相のものもあるだろう。

あるいは、「うちの会社の工場では、全部原価計算よりも活動基準原価計算の方が製造コストを正確に把握できる」とか「プロジェクトチームを編成するときに、各部門から部門を代表する優秀なメンバーを集めると、メンバーの政治力が拮抗してしまい、意外なことにチームとしてはむしろ業績が悪くなる」といったように、より専門的・一般的な法則に近い知恵を蓄積している企業もあると思われる。

こうした企業は、企業活動の中で蓄積された実践的な知恵・知識を、体系的に整理し直すこともある。**世界的にも有名なトヨタ生産方式にしても、日産プロダクションウェイにしても、最初のきっかけはこうした小さな知の蓄積と整理だった。**そして、経営に関する知識が整理されれば、日々のちょっとしたノウハウといった様相のものが、経営技術と呼べる段階にまで発展する。

繰り返しになるが、ビジネスをおこなうと、あるいは人間が複数人集まれば、大なり小なりこうした知識が生みだされる。そして、その知識には、ちょっとした工夫から経営技術、さらには経営学に至るまで、幅があるといってよい。しかし、こうした幅はグラデーションのようになっており、必ずしも明確な区別があるわけではない。

では、このグラデーションを決めるのは何か。

それは、その知識の解釈や理解が社会的な文脈にどれだけ依存するかという、「文脈依存度」である。あるいは、文脈依存度を逆転させて「文脈独立度（文脈に依存しない程度）」という単語を作ってもよいだろう。いずれにしても、個人や組織や国などの特定の文脈に依存すればするほど、その知は個人やせいぜいチーム内でしか使えない工夫やライフハック的なものに近づく。

そして、**文脈依存度が低くなればなるほど（文脈独立度が高まれば高まるほど）、一般論や普遍的な理論を目指す学問に近づく。**その中間で、一個人や一チームを超えて活用できるほどには文脈独立的だが、企業内や産業内・業界内・地域内の文脈に強く依存するようなタイプの知識もあるだろう。業界用語や慣行、企業名を冠した○○方式といったものがそうした知識の例である。

これを図示すると図9になる。最も文脈依存度が高く、抽象度が低いのは、自分にしか感じられない私的感覚だ。続いて、仲間内でしか分からない知識、いわばムラ社会的知識がある。そこから抽象度を高めていくと、「誰でも理解できる」経営コンセプトにいたる。抽象度が高まって、文脈依存度が低くなるごとに、潜在的な共有可能性は広がる。つまり理解者

図9　経営技術と文脈依存度・抽象度の関係

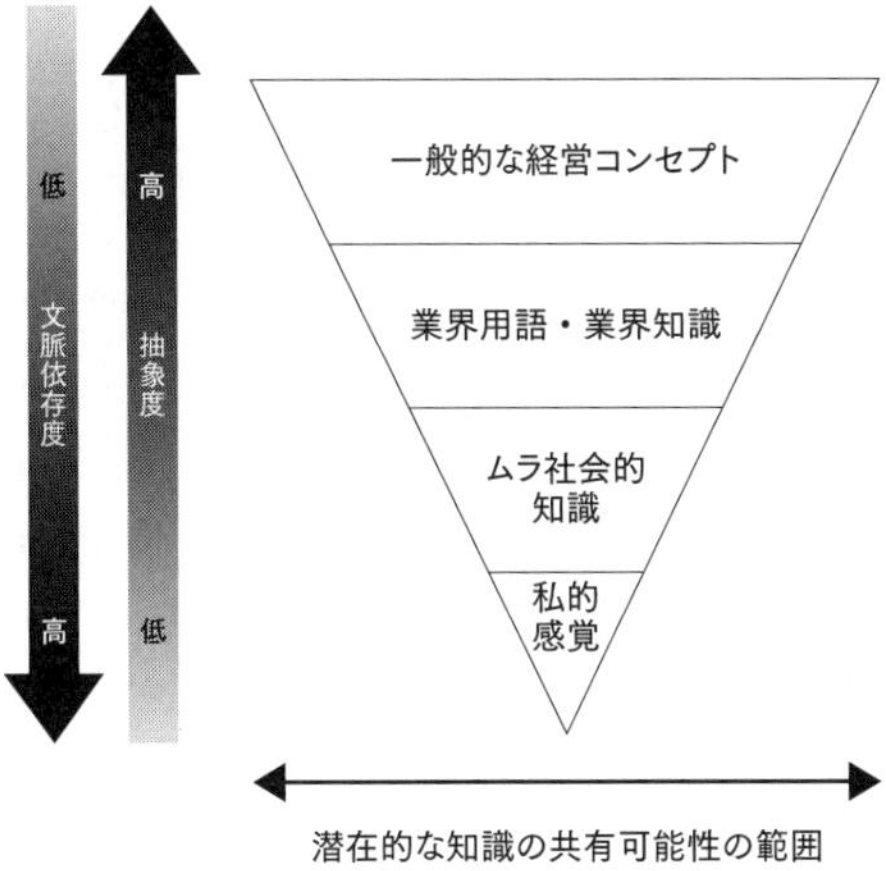

が増えていく。図9では、この広がりを逆三角形で表現している。

本書が経営技術と呼んできたものは、基本的にはこのうち文脈依存度が中程度以下のものであった。そして、アメリカが得意だったのは、中程度の文脈依存度だった日本の経営技術を、文脈依存度の低い（文脈独立度の高い）コンセプトへとまとめ上げることだった。

それでは、文脈依存度の高低を決定する要因は何だろうか。

それは、具体的な現象から普遍的な論理だけを抜き出し、モデル化・抽象化できたかどうかによる。前提として、**地球上のすべての人間が共通して持つのは、理性の力、**

論理の力である。そのため、論理モデルにして、場合によっては数式化や図表化してしまえば、多少つたない翻訳であっても地域言語を超えて世界中で意図が伝わるようになる。すなわち、個別の自然言語に依存している知識を、**人類共通の人工言語に近づけることで文脈依存度は低下していく**のである。

経営における個別具体的な事例の共通点を探りながら、抽象的な論理モデルを構築することで、経営技術の文脈依存度を低下させ、世界で通用する理論となる。

たとえば、近代組織論の源流の一つにチェスター・バーナード『経営者の役割』（ダイヤモンド社）がある。システムとしての組織、調整、有効性と能率など、現代の組織研究の土台となっている概念を提示している著作である。

バーナードは経営学の基礎を作った人物の一人だが、純粋な学者ではなかった。彼はＡＴ＆Ｔ子会社のニュージャージー・ベルの社長を務めた人物で、著書の土台は母校ハーバード大学でおこなった経営者の役割についての講演内容だったのである。

経営者の役割とは何か、経営とは何かという問いは、おそらく企業経営者であれば誰しも一度は考える。そうした内容の講演を頼まれることも多いだろう。このとき、**思考の抽象度が高まれば高まるほど、経営理念や経営哲学となり、さらに抽象度が高まると、バーナードのよう**

に、世界的に通用する一つの学問領域にまで発展する。

　このように、経営実務において生みだされる知は、その抽象度が増すにつれて、文脈依存度が低下し、世界中の誰もが理解して利用できるコンセプトや理論になる。そうした意味で、経営技術は、ノウハウから理論まで、論理モデルとしての精度に合わせたグラデーションになっているのである。

　本書でこれまでみてきたように、**日本の経営技術は、国内の文脈や特定企業内・産業内の文脈に依存したものが多かった**。そして、こうした経営技術のうち有望なものを見つけ、論理モデルに変換し、世界中に広めたのはアメリカの研究者やアメリカ企業であった。

　例外もあるが、全体的な傾向としては、こうした対比が見られたといえよう。

　そして、**アメリカの産官学によって抽象度を高められたコンセプトは、一見しただけでは、源流にある日本の経営技術と同一とは思えない**ものになった。その結果として、アメリカに渡る段階で抽象化されたコンセプトが、今度はまた日本に持ち込まれることもあるのだ。

　これはある意味では当然の帰結である。

　日本の優れた経営技術を日本の産官学が共有しようとしても、**経営技術の文脈依存度が高いままでは「ウチはヨソとは違うから」とか「製造業とサービス業は違うから」といった意見で却下**

されやすい。文脈依存度が高い知識は拡散性が低いのだ。

このように、経営技術の逆輸入という状況は、同じ経営技術がそのまま逆輸入されている状態ではない。そこでは、経営技術がアメリカに渡る段階で、論理モデル化・抽象化がなされているのである。

経営技術は逆輸入される。しかし、**単なる逆輸入ではなく、そこには日本以外での論理モデル化・抽象化という段階を経ている**のである。

現場の混乱はこうして引き起こされる

それでは、経営技術が逆輸入されるとして、企業にとって何が問題だというのだろうか。

ありうる問題の一つは、状況によっては、**すでに自社が保持していた経営技術を自ら捨てることになりかねない**ということである。そして、その結果として現場が混乱し疲弊する。混乱と疲弊がもたらされ、おまけにもともとの経営技術も捨ててしまいかねない。

たとえば、ある企業の現場が地道に経営技術を生みだしていたとする。

仮に、その企業では、製品設計の際に、仕様を固めてしまわない段階での試作をおこなっていたとしよう。そして、設計が甘い段階で試作品を複数用意し、設計部門、製造部門、営業部門、顧客などの代表者にその試作品を囲んで自由にディスカッションしてもらっていたとする。これによって、後々生じる問題を先に解決でき、これまで、方向性が間違っていたときにはすぐに修正できた。

この企業では、長年の製品開発の経験から、こうしたやり方が普通になっていた。もちろん、これまで、他企業で製品開発に従事する技術者から聞いたベストプラクティスを取り入れたこともあった。こうしたやり方に特に公式の名前はついていないが、社内ではこれを「現地現物主義」と呼ぶ人もいる。この現地現物主義の製品開発が功を奏しているのか、現在のところ、その企業は他社よりも短い開発期間と相対的に高いヒット率を誇っている。

これはありそうな例であるが、もちろんただの仮想、空想上の企業である。

さて、ここからが本題である。

この企業の経営トップは非常に優秀な人物で、英語も堪能、海外でＭＢＡを取った。英語もできるし、海外事情通を自負している。日本経済新聞をザッと読んだあとは、英字新聞と、世界のビジネス専門誌に目を通す。そして、自分の利益よりも、社会の公器たる株式会社の未来を重視している。グローバル競争に置いていかれないよう、常に危機感を持っている。

ようするに優秀な上に志も高いのだ。

そんな経営トップだが、ある日、海外ビジネス誌でアジャイル開発というものを知った。スクラム開発ともいうらしく、スクラム開発を可能にするグループウェア型パッケージソフト「ＳＣＲＵＭウェア」というものが、外資系コンサルティング・ファームの子会社から売られているらしい。なんでもこのスクラム開発、これまで数珠つなぎで直列になっていた製品開発プロセスを並列化する、というのが売り文句のようだ。ＳＣＲＵＭウェアを導入した企業では、開発コスト半減も期待できるという。

この経営トップは意思決定も早い。さっそくＳＣＲＵＭウェアの社内への導入を決めたのだ。もちろん、独断ではなく、外資系コンサルティング・ファームの説明を自社の経営企画部で検討し、取締役会でも議論した。経営企画部の調査でも、アジャイル開発の有効性が確認され、取締役会では導入費用以外の面で意見がある役員はいなかった。かくして、ＳＣＲＵＭウェアはこの企業に導入された。コンサルティング料金とソフトウェア開発費用に数千万円が必要となった。しかし、プロジェクトごとに数億円から数十億円が必要な開発費用がもし半分になるのなら、安いものである。

さて、導入から1カ月、この企業はどうなるだろうか。

設計部門は、データの共有可能性から、紙での設計は許されなくなり、ＣＡＤを一から学び直すこととなる。試作も、これまでのように電話一本で、事前調整するやり方はできない。ＳＣＲＵＭウェアでチャットするよう上司からきつく注意されている。だが相手方の製造部門はそもそも業務中にあまりパソコンを開かない。いままでは作業中に持ち歩くＰＨＳに電話していたがそれはもう許されない。当然、チャットをしても製造部門の担当者の既読はつかない。そこで、製造部門を訪問して「チャットを送りましたのでＳＣＲＵＭウェアを見てください」とお願いする。お次は営業部門に対してだ。営業部門は外仕事が多く、電話でないと反応が遅い。しかしＳＣＲＵＭウェアをみてもらわないといけない……。

かくして、いつの間にか「現地現物主義の製品開発」は「ＳＣＲＵＭウェア」で破壊されつくした。ＳＣＲＵＭウェアの本質は元からこの会社がおこなっていたフロントローディング型の製品開発だったのに、である。ＳＣＲＵＭウェアのおかげでたしかに仕事は変化した。悪い方に変化したのである。

製品開発期間はいっこうに短縮できず、それどころか延びているようでさえある。**経営者は現場の怠慢を責め、現場は経営者の無理解を愚痴る。**

現場からすればひたすら混乱が起きただけである。しかも、往々にして、こうしたシステム導入の意図は説明されない。現場がシステム導入について知るのは、たいていはもう導入が決まった後だからだ。あるいは本社から「アジャイル開発をするためのシステムです。生産性が高まります」と、意図らしきものの説明くらいはあるかもしれない。しかし現場からすれば、「本社がまた何かやってるよ」とは思っても、反論まではしない。アジャイル開発とは何かを調べ、その本質はもともと現場でやっていた取り組みと同じだと指摘する労力は、大抵は無駄骨に終わるからである。

繰り返すが、もちろんこの例は架空のフィクションだ。

しかし、だからといって「こんな不幸な会社は世の中に存在しない」と結論づけるのは間違いである。もちろん、この事例は作り話であるし、ＳＣＲＵＭウェアという名前のソフトウェアも筆者の調査のかぎりは存在しない。だが、これに似た話は世の中にごまんとある。

しかも、こうした失敗例についての研究は、ほとんどの場合は企業の許可が下りないため、学術論文として公表されづらい。だから、開発・生産・営業の現場で働く方や現場を訪問するタイプの経営学者には「あるある」な事例だが、おおっぴらにはされず、内輪の研究会等でこっそり話されるにとどまる。

ここで述べたように、経営技術の逆輸入は、ときとして現場を疲弊させ、企業が元から持っていた強みを捨てさせてしまう。企業が保持する経営技術を自ら破壊する危険があるのだ。

しかも、経営技術の逆輸入がもたらすコストはこれだけではない。

もう一つのコスト、機会費用について、次にみていこう。

コンセプト自体の経済効果は？

経営技術の逆輸入的な状況は、日本の産官学にとって、機会費用ともなる。

日本企業が開発した経営技術を、日本の産官学がコンセプト化して世界に対して発信できていれば得られていたはずの利益が、経営技術の逆輸入という状況下では、そっくりそのまま海外企業等に奪われてしまうからだ。

逆にいえば、コンセプト化と海外発信を日本の産官学主導でおこなえたならば、日本の産業界にとっては新たな事業機会になる。また、政界・官界にとっては日本経済の活性化に加えて外交交渉の材料にできる可能性がある。そして学界は日本の研究プレゼンスを向上させることができる。

現在は、これらすべての機会・チャンスをみすみす逃しているということである。

たとえば、ドイツをはじめとした欧米の産官学から提出されたインダストリー4・0という、生産の効率と柔軟性を高める経営技術の集合を指すコンセプトがある。本書をお読みくださっている方々にも聞き覚えがある言葉かもしれない。

このコンセプトの経済効果は、2019年時点で約7兆円分、今後の5年で15兆円から20兆円になるという試算もある（MarketsandMarkets社およびValuates Reports社の2019年調査報告による）。しかし、このインダストリー4・0は、製造機器にセンサーを取りつけるなど表面的な違いはあるが、生産状況の「見える化」や生産の「流れカイゼン」など、目指すところはほとんどトヨタ生産方式である。

インダストリー4・0は、コンセプトの持つ力とセンサーや半導体を売りたい企業の思惑とが合致した結果として生まれた流行と考えられなくもない。

コンセプトは経済的価値を生みだす。このことはコンサルティング・ファームの売上をみても分かるだろう。

コンセプトを世界中に売り込む外資系コンサルティング・ファームの売上をみてみよう。すると、2021年時点で手に入るデータでは、マッキンゼー・アンド・カンパニーが約1兆円、ボストン・コンサルティング・グループ（BCG）が約8500億円の売上である。

ブーズ・アレン・ハミルトンで約6700億円、ベイン・アンド・カンパニーが約4500億円、A・T・カーニーは約1300億円となっている。これらは比較的コンセプト化に特化している「戦略系」のコンサルティング・ファームである。

原価がほとんど人件費という特殊な業界であるにもかかわらず、これらの企業では一人当たりの売上が4000万円から6000万円以上となる。外資系戦略コンサルティング・ファームが高年収である理由もここにある。

さらに、コンセプト化の後のパッケージ化やシステム化にも強い企業の売上は文字通り桁違いになる。

アクセンチュアで4兆円以上、日本においては比較的知名度の低いコグニザント・テクノロジー・ソリューションズでさえ約1兆7000億円である。しかも、コンサルティング業界の売上成長率は過去10年ほどの間、平均して5％程度である。コンセプト化というのがそれ自体で大きな産業であるとともに、成長性も（日本の大企業と比べると）比較的高い分野であることが分かるだろう。

これに対して、日本のコンサルティング・ファームの規模は相対的に小規模なものにとどまっている。直近の有価証券報告書によれば、日本のコンサルティング・ファームの売上は、三菱総合研究所であっても1000億円に届かない程度、システム化に強い野村総合研究所は5000億円超であるが、コンサルティング事業単体の売上では400億円に届かない。コンセプト化の産業において、日本がアメリカに一歩先をいかれていることの一つの証左であるといえよう。

もちろん、日本の産官学が、日本発の経営技術のコンセプト化が上手くなったとしても、ここで述べた市場を独占できるわけではない。

しかし、日本の産官学のコンセプト化の力が向上することで、少なくとも現在よりは市場シェアを拡大させることができると考えられる。場合によっては、グローバルに活躍する日系コンサルティング・ファームもいくつか生まれるかもしれない。一例として世界最大の会計事務所は、日本の会計実務家である等松《とうまつ》農夫蔵《のぶぞう》の名を冠するデロイト・トウシュ・トーマツなのだから、なにも荒唐無稽な話ではない。経営技術の逆輸入的な状況は、こうした機会をみすみす逃してしまうのである。

このように、**コンセプト化はそれ自体が経済的価値をもたらし、企業にとっては新たな収益源になるかもしれない**ものだ。反対に、コンセプト化が上手くいかなければ、せっかく経営技術を生みだしたとしても、本来なら得られた利益を逸する。専門的にいえば、経営技術の逆輸入状況は日本にとって機会損失をもたらす。

経営技術の逆輸入によって生じる機会損失はここで述べたものにとどまらない。コンセプトを売る以外にも、本来ならコンセプトによって高められたはずの企業グループの生産性が機会損失になることもあるだろう。たとえば企業グループが国際分業体制下にあり、世界中に開発・生産・販売などの拠点が存在する場合である。

この場合、**日本語で、日本の現場の文脈に根差した経営技術を保持していても、海外拠点にはその技術をそのまま移転できない。**

そのため、経営技術を抽象化して、どんな国に住んでいるかに関係なく誰にでも理解できる形で、世界中の拠点に普及させなければ、グローバルな企業グループ全体の生産性は向上しない。だとすれば、経営技術の海外拠点移転によって本来なら得られた生産性向上分が、そのまま機会損失となる。

これについては、次節で詳説する。

グローバル経営時代における経営技術とコンセプト化

現代はグローバル化の時代だといわれて久しい。

そして、グローバル化の時代だからこそ、経営技術のコンセプト化は非常に重要な役割を持つ。これから**日本企業がグローバル化度合いを高めるならば、コンセプト化の能力を構築するのは必須**であるとさえいえるだろう。

とはいえ、こうした結論に至るまでには、いくつかの段階がある。

まず、**グローバル化とは、ヒト・モノ・カネ・情報の移動コストが限りなくゼロに近づくこと**である。移動コストがゼロに近づくということは、「物理的に近いこと」のコスト面でのメリットが失われるということを意味する。

だからこそ、「多少見劣りしても日本在住の人を雇おう」として生まれていた雇用が海外の労働者に奪われたり、これまでは輸入コストを考えて購買を見送っていた海外の安くて質の良い製品が国内生産の製品を駆逐したりするのである。

だが、ヒト・モノ・カネ・情報の移動コストが低減したとしても、国という制度と地域という場所と**コミュニティそのものは移動しづらい**。そのため、今後しばらくは、特定の技能を持つヒトや組織の集積のような、ある種の資源の偏在状況は続くと考えられる。

こうした時代に必要なのは「国際分業体制にもとづく国際最適拠点配置」という考え方だ。若干専門的な用語だが、具体例を挙げれば簡単である。

たとえばハイブリッド車を開発するとして、デザインはデザイナーが集積しているイタリアでおこない、機械設計はフロントローディング型開発に強い組織が多い日本でおこない、ソフトウェア設計は天才エンジニアが集まるアメリカでおこない、コーディングはプログラマが集積しているインドでおこない、部品生産は優秀な技能員が多い台湾でおこない、完成品組立生産を各国でおこなって、各国市場にカスタマイズした製品を販売する、といった状況だ。

こうした経営の萌芽はすでに現れていて、こうした状況に限りなく近い企業もある。そして、このときに不可欠なのがコンセプト化の力なのである。

グローバル経営のもとでは、世界中の拠点から、現場の文脈に根差した経営技術が生みだされる。そして、こうして生みだされた経営技術の中には、潜在的には他国の拠点でも活用できるものが含まれるだろう。たとえば、生産や開発など、同じ経営機能を持つ拠点が各国に点在する場合は、特定の経営機能に関するA国でのノウハウ・経営技術の多くは別のB国でもそのまま使える可能性がある。

さらに、開発はC国で生産はD国というように、別々の経営機能が別々の国の拠点で担われている場合も、広く経営一般に活用されるノウハウ・経営技術であれば、世界中で共有できる可能性がある。たとえば、経営理念に近いタイプの経営技術がこうした経営技術の代表例である。

ただし、ここで「可能性がある」と限定しているのには理由がある。

それは、経営技術は**「文脈依存度が高いままでは国境を越えられない」**ためである。日本語のままではもちろん伝わらないし、たとえ機械的に文章を逐次翻訳したとしても、特定の文脈に依存した知識のままでは意味不明なものになるだけだ。本書で考察してきたように、ある国の中の、ある企業の中の、ある職場の中の常識に根差している知識は、一度抽象度を高めて論理モデルに落とし込まないと、誰もが理解できるものにはならない。

だからこそ、グローバル企業が、企業内の各拠点の経営技術を、国境を越えて移転させたい場合には、コンセプト化の力が必須となる。世界中の拠点のベストプラクティスを他の拠点に移転させる場合も、本国の経営理念を世界中の拠点に浸透させる場合も、抽象化・論理モデル化の力が必要となるのである。

実際に筆者がおこなった研究でも、日本を代表する自動車製造企業において、経営技術のコンセプト化が海外生産拠点のマネジメント上の課題になっていた。

その研究の調査対象であったX社には、X社生産方式という経営技術が存在していた。そして、X社は、その経営技術をE国とF国という別々の国の生産拠点に移転した。結果は、E国の生産拠点ではカイゼンが活発化し生産性も非常に高くなったのだが、F国の生産拠点はその正反対の状況にとどまった。しかも、F国の生産拠点ではカイゼン提案数だけは非常に多かったのに、である。

それはなぜか。実は、F国ではたしかに提案の数は多いのだが、「トイレを綺麗に使う」といった生産管理上のカイゼンとはいえない提案ばかりが生まれ、それらは最終的に資源の使用権限を持つ経営層によって採用されなかったのである。

筆者の調査によって判明したのは、F国の生産拠点で生じていた従業員と経営層との意識のズレが、X社生産方式の現地化に由来していた事実だった。

F国では、X社生産方式の英語訳を基に、さらにF国語訳するという多重翻訳がおこなわれていた。これによって、本来ならカイゼンを活性化させるはずの経営技術が、現地作業者にとって意味不明で共有不可能なものになっていたのだ。

それに対してE国生産拠点は、日本語が話せる現地人を日本に招き、X社生産方式の文脈を数年かけて十分理解してもらった。そして、その上で、この現地人が社長となり、彼自身の手によってX社生産方式が現地化されたのだ。

これは、**文脈依存度が高い経営技術を「文脈依存度が高いままで移転した」例**である。そして、経営技術コンセプト化に成功したE国と、それができなかったF国とでは、生産性に大きな差が生まれたし、E国でも文脈依存度が高いままX社生産方式を移転させるのは数年という時間と費用がかかっていた。

もしX社生産方式が、最初から「誰でも理解できるコンセプト」にまでまとめられていたら、こうした問題は起きなかっただろう。

同じ企業グループに属していて、生産という同じ経営機能を担う海外拠点同士であっても、国が違えばこうした問題が生じる。**文脈依存度が高いまま経営技術を移転することもできなくはないが、それには時間がかかる。**

だからこそ、国境を越えて経営技術を共有可能にするために、コンセプト化の力が求められるのである。

このような主張に対して、「ウチは今のところ国内拠点しかありませんから」と安心している方もいらっしゃるかもしれない。

しかし、そのように結論を急ぐのは間違いである。

現在という一時点においてグローバル企業でなくても、これから海外進出する可能性もあるし、この先、外資系企業に買収されるかもしれないからだ。そうした時代にあって、経営のノウハウ・経営技術を、世界中で通用するコンセプトに変換して企業内に蓄積する力は、将来の変化への対応力に直結する。

このように、グローバル化が加速する昨今において、コンセプト化の力、文脈に依存しない論理モデルを作って他言語でも図でも数式でもアイデアを表現できる力は、企業にとってますます必要になってきているのである。

日本企業はなぜ強みを捨てるのか

これまで日本企業は世界に通用する経営技術を生みだし続けてきた。

しかし、日本の産官学はこうした経営技術をコンセプト化して世界中に発信することにかけては、海外と比べて一歩出遅れていたといえる。こうした発信ができれば日本の産官学にとって多くのメリットがあるにもかかわらず、である。

それどころか、日本の経営技術がアメリカをはじめとした海外企業や海外研究者によってコンセプト化され、日本に逆輸入されることさえあった。経営技術の逆輸入という状況は、流行におどらされて自社の強みを自分で破壊してしまうことに等しい。

もちろん、経営技術をコンセプト化しないメリットも、当然存在する。たとえば、経営技術を自分たちにしか分からない言葉で語り、**ムラ社会的に深く文脈に依存した状態にすることで、競合他社から容易には真似されなくなる**というメリットである。ただし、一時期はこうした状態だったトヨタ生産方式という経営技術も、後にはアメリカにおいてコンセプト化されていることを考えると、**こうしたメリットは「時間稼ぎ」の効果しかない**だろう。

それでは、日本企業はなぜ、自らの強みを捨ててしまうのだろうか。

本書の仮想的な事例でみてきたように、日本発の経営技術が逆輸入される状況は、必ずしも悪意ある人物によってもたらされるのではない。

現場は愚直に経営技術を開発し続けており、経営者は真面目に国内外から情報収集を欠かさない。そんな状況にあって、経営者が経営技術を逆輸入し、さらに現場はなまじ実直であるために「そんなもの現場ですでにやっていることの焼き直しですよ」などとは意見しない。

それゆえに、誰一人悪者はいないまま、逆輸入された経営技術がそのまま現場に導入され、ときとして日本の現場を破壊するのである。

ここで、日本企業が「なぜ強みを捨てようとするのか」「何に負けたのか」について、直接的な原因から順に、真因にまでさかのぼって考えてみる。

経営技術の逆輸入という状況が発生する第一の原因は、経営者がアメリカや諸外国から日本にもたらされたコンセプトに触れたとき、「これはもしかしたらすでに日本の現場でもやっているのではないだろうか」と考えもしないことである。

これがたとえば半導体センサーの購入などの通常の取引であれば、自社に需要があるか、すでに導入しているシステムがないか、現場に問い合わせるのが普通の経営感覚・リーダー感覚・ビジネス感覚だろう。その上で、コストとメリットを比較衡量して導入を決めるのが、一般的なビジネスパーソンである。

しかし、これがコンセプトや、コンセプトを基にしたパッケージやソフトウェアの導入となると、**「海外に負けているはず」という思い込みが勝ってしまう**のではないだろうか。そのため、現場に確認を取らずに導入を決定するか、確認してもすでに実施している経営技術と同一だとは気づかない。**だまし絵を鑑賞するとき「このだまし絵は○○にも見えますよ」と教えられないと、その仕掛けに気づけない**ように、人間は「見たいものを、見たいような姿で、見る」のである。だから、まず必要なのは、本書などの事例を見て「経営技術の逆輸入は思っているよりも頻繁にある」ことをしっかりと認識することである。

そうすることで、海外から発信された流行のコンセプトに触れたとき、一度立ち止まることができる。そして、ときには「たしかにこのコンセプトはすばらしい、しかしこれはもう現場で実施している」と認識し、その上で「これからは、わが社の取り組みを○○というコンセプトで説明することも可能だな」といった形で逆に利用すればよい。もうすでにやっていると鼻で笑うのではなく、海外のコンセプトをしたたかに利用するのである。

もちろん、立ち止まって考えてみても、海外からきたコンセプトが現状では自社に足りない場合もあるだろう。その場合は、そのコンセプトを謙虚に、積極的に、取り入れればよい。いずれにしても、新しい経営コンセプトに出会ったときには、一度は立ち止まってみることが大事である。

こうすれば、経営技術の逆輸入による現場の混乱はある程度避けられると考えられる。もちろん、本書を読めばその点はすぐにクリアできるというのは言い過ぎかもしれない。しかし、本書がきちんと読まれさえすれば、日本の産官学に支配的だった間違った認識は、多少なりとも変化するだろう。

ただし、これはもっとも表層的な原因とその解決法である。

これだけでは、経営技術の逆輸入を避けられても、日本からの発信にはつながらない。日本の産官学が、日本発の経営技術を使って、これまで以上の利益を得るという状況には直結しないのである。

経営技術の逆輸入的な状況が発生するもう一歩深い原因は、日本の産官学がコンセプト化にあまり積極的でなかった点にある。ここで、コンセプト化には抽象化や論理モデル化といった特徴があることは指摘してきた。そして、日本の産官学は、どちらかといえば、具体的な経営技術を開発しつつも、それを抽象化・論理モデル化することにはあまり興味を持たなかったのである。

その理由は、**①抽象化・論理モデル化のメリットが認識されなかった**ことと、たとえこれらのメリットを認識したとしても、**②抽象化・論理モデル化する組織能力が相対的に低かった**ということが挙げられるだろう。

ここで、①のコンセプト化のメリットは、本書をここまで読み進めた方にはもう伝わっているだろう。そのため次に考えるべきは、②の抽象化・論理モデル化の組織能力である。ただし、ここでの「能力」とは「個人の能力」ではなく「組織能力」である点が重要だ。個々人の抽象化・論理モデル化の能力だけでいえば、日本人の能力は世界的に見ても低くはないだろう。数学や物理学の分野で日本人が活躍できていることや、高等学校での数学教育が世界最高レベルであることからも、それは傍証される。

これに対して組織能力というのは、個人の集合である組織のつながり方や仕事のやり方のルーティンといった、組織に蓄積されている能力のことを指す。この組織能力の中に、抽象化・論理モデル化の力を決定するものがあるのである。

たとえば、組織内で抽象的なモデルを使った議論を重視する人事評価がおこなわれているか、会議の際に論理モデルにもとづいた説明が求められるか、先輩から後輩へ抽象化・論理モデル化のノウハウが口頭または文書で伝授されているか、といったことにより、このタイプの組織能力の強弱は影響を受ける。また、そもそも抽象的な議論をする機会がどの程度あるかによって、論理モデルを使った抽象的な議論への「慣れ」も変わってくるだろう。

その点、日本語という、世界的にみると相当に特殊な言語を用いる集団内において、しかも民族的にも多様性に乏しく、日本的経営にみられる濃密な人間関係にもとづいたチームワーク重視の経営をおこなってきた**日本企業は、論理モデルを使って他者を説得する必要性や機会に乏しかった。**論理モデルを用いなくとも、文脈に依存した議論、いわゆる阿吽の呼吸や根回しによって、協働が十分可能であったためだ。

すなわち、日本企業の強みでもあったチームワークが、コンセプト化、抽象化、論理モデル化の能力構築に制限を加えていたと考えられる。

同じことは、政界・官界や学界にもいえるかもしれない。岩田龍子『日本的経営の編成原理』（文眞堂）が指摘するように、濃密な人間関係に根差したチームワーク重視の組織運営という日本的経営の特徴は、そもそも日本の社会全体の特徴から生まれたものである可能性もあるためだ。

こうしたことを総合すれば、まずは日本式経営に対する根拠なき自虐をやめ、経営技術の逆輸入という状況を認識したら、次は日本の産官学はコンセプト化の組織能力が低かったことを反省し、それを克服する手段を講じるべきだろう。

そのためには、まずは**日本の産官学におけるコミュニケーションは文脈依存度が高いことが多いと認める必要がある。**その上で、今後は意識的に抽象度の高い議論や論理モデル作りをおこなうべきだ。そして、そのために**人事評価や会議の運営方法など、組織ごとに工夫すべきことがある**と考える。

このように、経営技術の逆輸入という状況は、意識一つで解消することができるのだ。その意味では、日本経済を取り巻くさまざまな問題の中では比較的取り組みやすいものであるといえるだろう。

第3章のまとめ

本章では、経営技術の逆輸入という状況を説明し、それによって日本の産官学が被るデメリットについて考察してきた。

具体的には、日本の経営技術を自ら捨てて現場を破壊するというデメリット、もしコンセプト化が日本主導で可能となっていれば得られた利益を逃したというデメリットである。

こうしたデメリットは、グローバル化が進む現代において拡大し続けている。グローバルな最適拠点配置と、国際的なベストプラクティスやノウハウの移転や蓄積のためには、コンセプト化が必須であるからである。

日本企業は、経営技術の面で海外に一方的に負けているわけではない。コンセプト化の点で負けることが多かっただけなのである。ただし、だからといってコンセプト化の力をあなどってはいけない。日本企業や日本社会にはコンセプト化が苦手な構造的な原因がある。すなわち、濃密な人間関係に根差したチームワークというある種の強みが、文脈に依存したコミュニケーションに頼りきってしまうという状況を作り出してしまったのである。

これに対して、アメリカ企業やアメリカ社会は、移民によって成り立っている。

そこには多様な文化的・社会的・言語的背景を持った人々が集まっており、その中でなんとか協働を実現しなければいけなかった。そのため、すべての人間に共通する「理性」「論理力」に依存したコミュニケーションがおこなわれることが多かったと考えられる。文脈に依存できないために、代わりに論理モデルに依存したというわけである。

こうした議論において、本書では筆者の専門領域である製造業における経営技術を取り扱うことが多かった。

しかし、こうしたことは製造業以外でも広く見られる現象だ。また、アメリカにおいて現在進行形でコンセプト化されつつある経営技術も存在する。たとえば、セブン&アイ・ホールディングスおよびセブン‐イレブン・ジャパンが取り組む「単品管理」なども一例だろう。

単品管理とは在庫管理単位を単品、すなわち商品ごとにおこなうという小売手法である。商品ごとの在庫数と販売数を常に把握し、売れているものの棚は拡大し、売れていないものは棚からなくすということだ。そして売れ筋・死に筋の情報は他店舗とも共有されていく。これは、取り扱っている商品の種類が少数であればそんなに難しくはない。しかし、一般的にコンビニが取り扱う商品数は３０００種類以上、年間での新商品数はその2倍以上であるため、管理コストが膨大となることが分かるだろう。

単品管理は在庫コストや売れ残りリスクを低減させるというメリットがある。そのため、単品管理のデメリットである管理コストを、システム化、大胆な権限委譲、ＩＥやＴＱＣの手法を用いたカイゼン活動などによって低減させることで、非常に有効な経営技術となる。実際に、セブン‐イレブンはこうした努力によって単品管理という経営技術を育て上げてきた。

この「単品管理」はハーバード大学のラジェブ・ラル教授や竹内弘高教授らによってケーススタディ教材にされ、「Kaizen」ほど一般的ではないが、今ではアメリカでも「Tampin Kanri（または Tampin Kanri）」で通じることがある（下記のサイトからケースを入手できる https://hbsp.harvard.edu/cases/）。

そして、アメリカの実務界では、ラジェブ・ラル教授による解説の効果も相まって、「フレッシュ・マーチャンダイズ」や「プロダクト・バイ・プロダクト管理」などという言葉も使用され始めている。

単品管理はいまだ経営技術の逆輸入という状況にはいたっていない。しかし、アメリカをはじめとして海外からも注目されているのは事実であり、これからTanpin Kanriが別のアメリカ式の言葉でコンセプト化される可能性は十分にある。

このように、経営技術の逆輸入という状況は現在進行形で生じている現象だ。

大事なのは、日本の経営技術に対する自信を取り戻すこと、自信を取り戻したのちは冷静な鑑識眼を持つこと、そして抽象化・論理モデル化の組織能力を構築することである。

こうした危機感の上に立って、次章では、日本企業の十八番とされてきた「カイゼン、Kaizen」でさえも、今やアメリカが最先端になりつつあることを示す。すなわち、本章の最後で考察した議論を、カイゼンという分野に焦点を当て、よりくわしく見ていくことにする。

第3章への補足：企業間競争の三層構造モデル

現代企業の競争状況は三層構造をなしている。

ここでいう三層構造の競争とは、**品質や価格など製品レベルの競争、製品（サービスを含む）を生み出す組織能力レベルの能力構築競争、そして組織能力を生みだす経営コンセプトレベルの競争の三つ**である（次ページ図10）。

一層目の製品間競争は、製品の品質、コスト、差別化、ターゲットへの集中度合い、販売網の広さなどで勝負する製品レベルの競争の層である。ここでは、製品を物理的な存在よりも広く捉えて、**トータルなビジネスシステムでライバルに勝つ**必要がある。

たとえば、製品の機能性で負けても、販売網で勝つ、広告で勝つ、アフターサービスで勝つ、といった具合である。この製品間競争のレベルは一般にも広く認知されている上、この層の競争において利用できる経営理論・手法も数多く開発されている。

製品間競争において「強みを育てて弱みを克服する」ためには、たとえばコア部品やコア・サービスを定めて、それ以外の部分を場合によっては外注するといった経営方針があり

図10　現代企業間競争の三層構造モデル

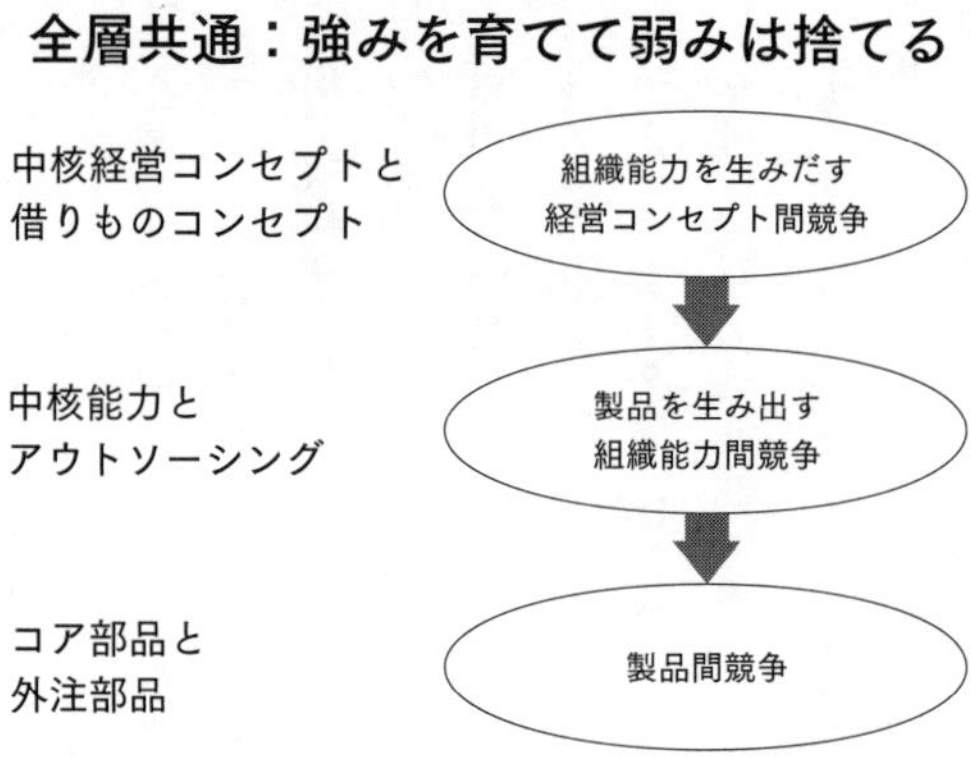

うる。

次に、二層目の、組織能力レベルの競争を考えてみよう。

ここで、単に「能力」ではなく「組織能力」という表現が使われている理由は、製品開発、生産、アフターサービスなどなどを高効率・高品質にする力は、**単なる個人の能力の集合ではなく、企業組織に蓄積されるルーティンに依存**するからである。たとえば、長年の経験に裏打ちされたマニュアル、代々受け継がれてきた先人の知恵・知識などがこうした力を担保している。この組織能力レベルの競争は「能力構築競争」と呼ばれている（藤本隆宏『能力構築競争』中央公論新社）。

イメージとしては、ボディビルディングやウェイトリフティングが、厳しいトレーニングと食事管理を通じて、意図的に筋線維（筋繊維）の一部破壊→再構築を繰り返すことで筋肥大を起こさせて、筋力という潜在的な能力を高める競争をおこなう様子に似ている。

能力構築競争においては、中核能力を育てながら、それ以外を必要に応じてアウトソーシングするマネジメントが必須であろう。

最後に、三層目の経営コンセプトレベルの競争を考える。

経営コンセプトとは、組織を個々人の総和以上にするために定められる、**誰がどう働き別の人がどう処理するかについての脳内のルール**＝「脳内プログラミング」のことである。

組織は個々人の能力の集合以上の価値を生みださなければ存在意義を喪失する。そのため、現存しているすべての組織が何かしらの経営コンセプトを持っている。しかし、そこには巧拙の差があり、経営コンセプトが弱体化すると、もはや組織能力が個々人の能力を足し合わせたよりも低い状態になる。このとき、組織は崩壊するか、買収されるのである。

経営コンセプトレベルの競争においては、中核的な経営コンセプトを定めた上で、中核でない部分は借りものの経営コンセプトで補えばよい。

たとえば、生産についての経営コンセプトを中核として育てながら、財務についての経営コンセプトは最新の金融工学を参考にして「借りもので済ます」といった具合である。

すべての競争において**「強みを育てて弱みは捨てる」のは戦略の定石**である。しかし、日本企業は最上位層の経営コンセプト間競争においてのみ**「強みを捨てて弱みを取り入れる」という愚行**をおこなっている可能性がある点は本書で指摘している通りだ。

抽象的な経営コンセプトに出会ったとき、そのコンセプトを自社の具体的な現場に落とし込むとどうなるのか想像できれば、経営技術の逆輸入は起こらない。すなわち、**具体と抽象とは常に一体**である（この点について２０２１年時点で未読であった『具体と抽象』をはじめとする細谷功氏の一連の著作が参考になる）。

4

長年にわたる日本企業の強みもメイド・イン・アメリカに？

第4章の要約

- 長らく日本企業の競争優位の源泉として注目されてきたカイゼンさえも、いまやメイド・イン・アメリカのコンセプトになりつつある。
- アマゾンは、倉庫のオペレーションからプログラミングにいたるまで、カイゼンの考え方を取り入れて莫大な利益を上げ続けている。
- カイゼンについての研究は、世界的には2010年以降急激に伸びつつあるが、日本ではその反対に下火になりつつある。
- アメリカではカイゼンは「カイゼン・イベント」「カイゼン・プロジェクト」という、小集団のチームワーク重視で進められる、小規模な組織変革活動としてコンセプト化されている。
- アメリカだけでなく、イギリス、カナダ、インド、スウェーデン、台湾など、世界中でカイゼンの研究は盛んになってきている。
- 日本は経営技術のコンセプト化で世界に負けただけでなく、日本の経営技術を信じる力で負けている。
- 貿易の観点から考えてみても、日本独自の経営技術を捨てて、アメリカで流行っている経営技術をすべて後追いするのは、経営戦略上のミスである。

用語解説

カイゼン：製品やサービスの品質・コスト・納期、製品のフレキシビリティ、作業の安全性・従業員満足などを向上させることを目的とする、従業員全員参加型の組織変革活動。

トヨタ生産方式：「必要なものを、必要なときに、必要なだけ」生産することで、効率的な経営を可能にするとともに、カイゼン箇所を見つけやすくし、従業員に経営意識を浸透させる経営技術。

カイゼン・イベント：一社内で多数おこなわれるカイゼンを、一つひとつの小さなプロジェクト単位に区切って、プロジェクトの効果的・効率的な運営方法を模索するという、アメリカ発のコンセプト。

経営技術における貿易の視点：各国がそれぞれ自国内で相対的に得意な分野に特化して貿易する方が、一国がすべてを生産するよりも、すべての国にメリットがあるという視点を経営技術のグローバル競争に拡張する考え方。

カイゼン（改善活動）は、日本企業の競争優位の源泉として、世界中から注目された時期があった。カイゼンは日本の高度経済成長を支えてきた経営技術の一つだともいえるだろう。

５Ｓやアンドン、ＱＣ七つ道具、ＱＣストーリーなど、カイゼンのために必要な経営技術も次々と生みだされていった。こうした経営技術の中でも、たとえば青山学院大学の故・田口玄一教授が創始したタグチメソッドという品質改善の知識体系などは、世界的にも「タグチメソッド」で通用し、現在では品質工学という学問分野を作りだしているほどである。

１９８０年代には、こうした経営活動が「カイゼン」「Kaizen」という概念にまとめられ、今井正明『ＫＡＩＺＥＮ』は世界中でベストセラーとなった。その後、Kaizenは、世界で通用する単語として、オックスフォード現代英英辞典に収録されるようになったほどだ。

なお、カイゼンの英訳としては「Kaizen」のほかにも「Continuous improvement」というものもある。継続的に改良していくというニュアンスの固有名詞である。

さて、このKaizenが日本由来だということに異議を唱える人はまずいないだろう。

もちろん、カイゼンは、アメリカのフレデリック・テイラーによる科学的管理法やギルブレス夫妻のサーブリッグ記号などの影響を受けてはいる。そうはいっても、Kaizenは、改善の読みである「カイゼン」をそのまま「Kaizen」という英単語にしたものだから、

Kaizen自体が日本由来であることは疑う余地がない。

だが、この**カイゼンさえも、いまやメイド・イン・アメリカの概念になりつつある**としたら、本書をお読みになっている方々はどう思われるだろうか。

日本はこれまで、実践に根差した経営技術のコンセプト化を、アメリカをはじめとする諸外国にゆだねてきた。あるいは、諸外国の産官学にコンセプト化の機会を奪われてきたといってもいいだろう。こうした状況を本書は「経営技術の逆輸入」と呼んだが、「経営技術の逆輸入」は、ついに日本の十八番で日本語そのものでさえあるカイゼンにまで及んでいるのである。

本書では、これまで、こうした経営技術の逆輸入という状況について解説してきた。ただし、経営技術が海外でコンセプト化される事例の一つひとつは、比較的コンパクトにまとめてきた。その理由は、多数の事例を横断しながら、それらの事例の共通点を抽象化し、論理モデルに変換するためであった。つまり、本書そのものがコンセプト化・論理モデル化の実例になるよう記述してきたのである。

しかし、こうしてコンパクトにまとめられた事例では、日本の経営技術の強みを再認識することはできても、経営技術の逆輸入への危機感を持つことや、日本がいったい何に負けたのかについて詳細に知ることは難しいだろう。コンパクトな事例を並べて比較することと、一つの事例を詳細に深く知ることのメリット、デメリットはそれぞれ裏返しになっているのである。

そこで本章では、カイゼンが海外で注目されている様子と、カイゼンが海外においてコンセプト化されつつある状況についてくわしくみていくことにする。

本書がカイゼンに着目する理由は、すでに述べたようにカイゼンが長らく日本企業の強みとされてきたことにある。それにもかかわらず、日本の産官学はカイゼンを捨て、アメリカをはじめとする海外の産官学は虎視眈々とカイゼンを狙っているのである。すなわち経営技術の逆輸入が起こりつつある好例なのだ。

まずは、ジェフ・ベゾスとカイゼンの関係についてからである。

２０２１年現在、ビル・ゲイツをおさえて世界一の大富豪である**ジェフ・ベゾスは、カイゼンに非常に高い関心を持っている**。ベゾスは、さまざまな講演等において、リーン生産方式やカイゼンといった日本の経営技術を名指しして「注目している」「そこから学んでいる」と公言している。

ベゾスは、日本の経営技術の中でも特に、カイゼンに魅了されているという。

アメリカを代表する企業家、現代のビジネスを支配する巨大ＩＴ企業「ＧＡＦＡＭ」の一角であるアマゾンの創業者をも魅了するカイゼン。

しかし、日本の産官学はこれを自ら捨てようとしている。

それも急速に、である。

第４章は、カイゼンという経営技術に着目して、日本の経営技術が主にアメリカでコンセプト化されつつある状況を描く。ただし、カイゼンに関しては、日本が負けてばかりというわけでもなく、日本発のコンセプトも生まれつつある。つまり、経営技術の輸出と輸入が同時に可能かもしれない分野である。

図11（次ページ）に図示するように、第４章ではこうした状況全体を概観していく。

冷静に考えれば、日本が、**経営に関するコンセプトをすべて輸入するしかないという考えは、貿易論からみても、間違っている**だろう。日本にも輸出産業はあり、そうした産業において生みだされる優れた経営技術も存在するのだ。もちろん、その反対の状況にある産業と経営技術もあるだろう。そのため本来であれば、経営技術においても、日本からの輸出と諸外国からの輸入とが拮抗していてもおかしくない。

それにもかかわらず、こと経営技術に関してだけ輸入・逆輸入ばかりで輸出がほとんどな

図11　本書における第４章の位置づけ

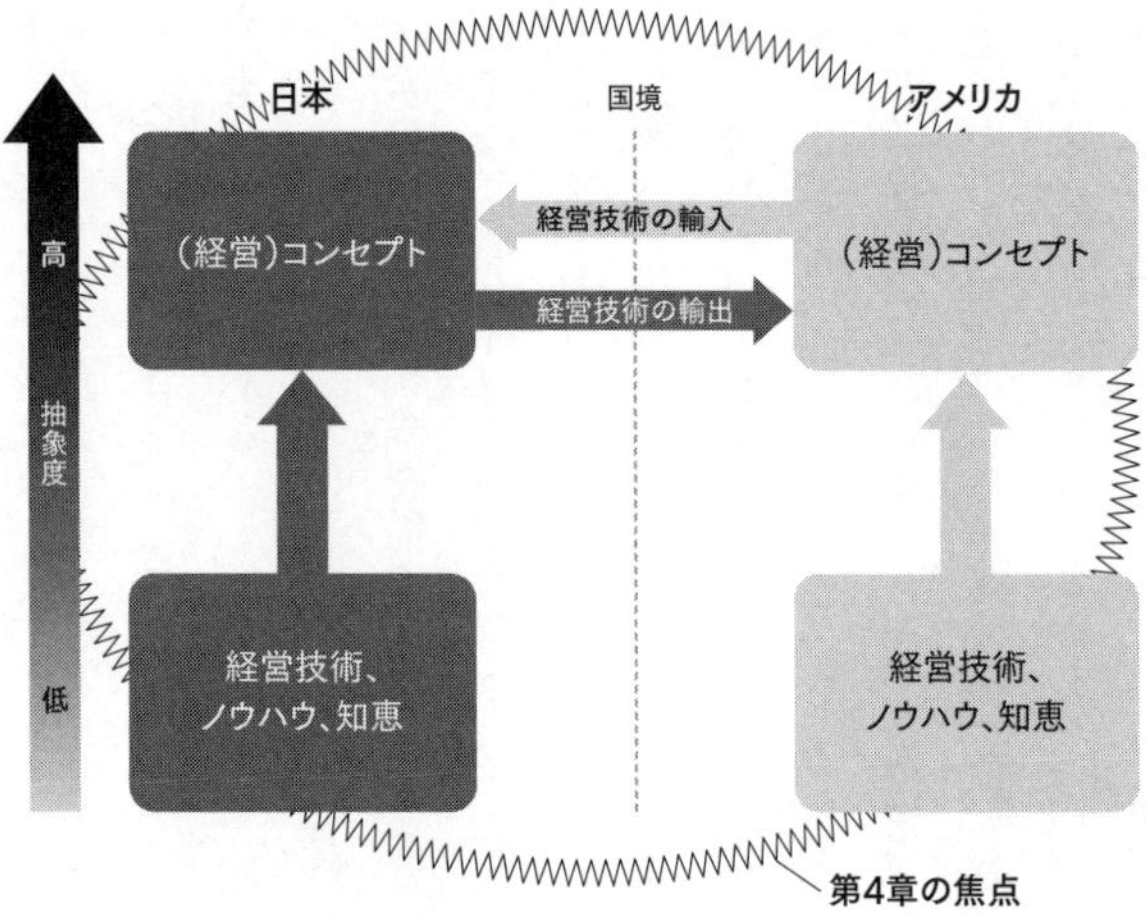

いというのは、何かがおかしいのである。
こうした点を、「カイゼン」という経営技術を題材に考察していくのがこの第４章である。

アマゾン創業者を魅了するカイゼン

アマゾン創業者ジェフ・ベゾスは、２０１０年の株主総会において、「Kaizen」という言葉を使って、株主に対してプレゼンをおこなった。

アマゾンが取り組んできた努力はカイゼンという言葉で表現できること、今後はそれを地球規模に適用して環境問題に焦点をあてたカイゼンをおこないたいと述べたのである。

実際に、アマゾン米国本社にはKaizenプログラムという制度が現在でも設けられている。そこでは、ＱＣ七つ道具やＱＣストーリーなどカイゼンに利用できる手法が教育される。そして、実際に、従業員は継続的にサービス提供プロセスを合理化し、ムダを排除し、顧客満足と従業員満足を向上させるよう求められている。

アマゾン米国本社の従業員向けブログ「The Amazon Blog: Day One」によれば、２０１４年には、カイゼンのために７２５チーム・小集団が組織され、２３００人がKaizenプログラムに参加した。その結果、ラスベガスの配送センターでは、返品プロセスや歩行のカイゼンなどによって、生産性が34％向上し、仕掛品・中間在庫が46％削減されたという。

同じく２０１４年にラスベガスで開催された「AWS re: Invent conference」でベゾスが語った内容によれば、アマゾン・ウェブ・サービス（ＡＷＳ）の本質はトヨタ生産方式・リーン生産方式と同一であるという。このカンファレンスは、クラウド型サーバなどを提供するアマゾン・ウェブ・サービス利用業者向けの講演会である。

なお、２０２０年現在、アマゾン・ウェブ・サービスは、急速に成長しつつも長らく赤字続きだったアマゾンに莫大な利益をもたらしており、今ではアマゾンの基幹事業となっている。

こうした事例を挙げるまでもなく、ベゾスが日本の経営技術、特にカイゼンから学んでいることは有名だ。この点は、アメリカの生産管理系のコンサルティング・ファームではよく取り上げられる。ジェフ・ベゾス自身も、アメリカの生産管理系コンサルティング・ファームとの対談やインタビューなどに応じているほか、近年アメリカの研究者などが提唱し発達してきている「Kaizen event」や「Kaizen project」といったコンセプトを使用し始めているほどだ。
アメリカの企業家、コンサルタント、学界が相互に影響しあいながら、カイゼンを取り入れ始めているのである。

これ以外に、マッキンゼー・アンド・カンパニー社が発行する雑誌『McKinsey Quarterly』誌に寄せられた、元アマゾン社オペレーション管理責任者マーク・オネットーのインタビュー記事「When Toyota met e-commerce: Lean at Amazon（トヨタとeコマースが出会うとき：アマゾンにおけるリーン生産方式）」も参考になる。

この記事によれば、アマゾンでは、倉庫作業や物流の効率化のためにカイゼンがおこなわれているほか、アマゾンのシステムの中にもカイゼンを支えるアンドン・システムを導入しているというのである。

なお、アンドンとは、生産ラインに問題があった場合に、ランプ等で異常を周囲に伝える日本語由来（行灯、行燈）の経営技術である。場合によっては現場の作業リーダーがラインを止めて、その場で問題を解決することもある。アンドンは、トヨタ生産方式の構成要素の一つで、海外であれば工場長にしか認められない「ラインを止める権限」を現場に委譲しているという特徴がある。

これをサイトに導入するというのは次のようなことだ。

まず、アマゾンのサイトの中にある商品ページを、いつでも切り離せるように適度な大きさで独立するように設計しコーディングしておく。そして、商品ページに何か不具合があるとエンジニアが気づくと、すぐにそのページを切り離して非公開にする。同時に、問題が生じたことをそのエンジニアが社内に向けて周知するのである。そして、チームでの問題解決を即座におこない、問題がなくなった時点で、切り離していたページを復活させる。

このように、ＧＡＦＡＭの一翼をになうアマゾンは、日本のカイゼンを取り入れながら着実に成果を生みだし続けている。

その一方で、**日本の産官学は、カイゼンという日本発の経営技術を急速に捨て去りつつある。**

日本企業はカイゼンに注力するよりも、アメリカからやってきた「〇〇イノベーション」や「デジタル〇〇」式のコンセプトを追い求める傾向にあるのだ。

日本の政界・官界も、カイゼンといった古臭い言葉をいまさら白書などで取り上げずにアメリカ発コンセプトに追随している。そして、日本の学界でも、カイゼンの研究という分野は縮小する一方だ。

カイゼンの研究も、今ではアメリカが主流になりつつあり、カイゼンをめぐるコンセプト化がおこなわれつつある。

これは、ある種、非常に矛盾した状況である。

日本の産官学は、アメリカに追いつかんとして、積極的にアメリカ発の経営コンセプトを受け入れてきている。アメリカで良いとされたものを必死で取り入れてきたわけだ。また、「日本からなぜアマゾンやグーグル、フェイスブック、アップルといったイノベーターが生まれないのか」と問われることも多かった。

その一方で、日本の産官学が目標にしているイノベーターであるアマゾンの創業者が注目するカイゼンは、見なかったことにしているのである。GAFAMを目指していて、GAFAMの取り組みを取り入れようとするのに、その中で日本由来のものは軽視する。

これが矛盾でなくて何だろうか。

もちろん、カイゼンの有用性をきちんと把握した上で「わが社はすでに十分に取り組んでいる」と判断するならばよいだろう。

だが、むしろその反対に、日本の産官学は自らの強みを自らの手で捨てていることさえあるのは、すでに本書で述べてきた通りである。

カイゼンの研究もアメリカが中心に

カイゼンについての研究は、2010年以降、世界中で爆発的に増加してきている。

バージニア工科大学のエイリーン・ファン・エイキン教授らによれば、アメリカに加えてイギリス、スウェーデン、インドといった国を中心にカイゼン活動の研究は盛り上がりを見せ続けているという。そして、カイゼンの研究はこれまでは事例を基にしたお手本の提示といったものが多かったが、統計的・実証的な手法を用いてカイゼンの成功要因を抽出する研究が、近年になってようやく学術誌に掲載されだしたとしている。

海外では、1990年代以降、カイゼンについての研究を発表するための専門誌まで登場している。

本書の第1章で登場した「アジャイル生産」の分野で世界最多の引用数を誇る生産管理研究の権威、カリフォルニア州立大学ベイカーズフィールド校のアンガッパ・グナセカラン教授が編集長を務める『Benchmarking』誌のほか、『The TQM Journal』誌、『International Journal of Lean Six Sigma』誌、『Total Quality Management & Business Excellence』誌などが、カイゼンそのものやカイゼン手法の応用などの研究を取り扱っている。

学術研究の価値を引用数で判断すべきではないが、一例としてこれらの雑誌からの平均引用数（インパクト・ファクターやサイト・スコアなどと呼ばれる）は2〜3、多数引用される論文がどれだけあるかを示すhインデックスは55を超える（55回以上引用される論文が55本以上ある）。経営学分野では比較的高い数値である。

これに対して、日本におけるカイゼンの研究は少なくとも社会科学的な視点からはかなり少ない。

たとえば、組織学会が発行する『組織科学』誌に収録された、「改善活動」がタイトルまたはキーワードに入っている論文の数をみてみる。なお、組織学会は、日本経営学会と並んで、経営学分野で最大規模の学術団体である。

結果は、国立情報学研究所のデータベースに収録されている１９６８年から現在までの半世紀以上の間に、カイゼンに関する論文は３本しか掲載されていない。同じく『日本経営学会誌』においても、同データベースに収録されている１９９７年から現在までのすべての論文のうち、同じく３本のみがカイゼンに関するものである。

それどころか、諸外国において研究の隆盛がみられる２０１０年以降となると、２誌を合わせても、筆者による論文１本だけしか掲載されていない。比較として「オープン・イノベーション」についてみてみると、２０１０年以降、６本の論文が『組織科学』誌に、２本が『日本経営学会誌』に掲載されている。

もちろん、これだけをもって、日本においてカイゼン研究が下火になっていると断言はできない。なぜならば、学術誌への掲載が少ないというのは、その領域の研究が衰退しているという原因以外に、「論文掲載におけるバイアス（これに近い概念として出版バイアスというものもある）」もあるからだ。これは、研究者の数や研究活動の活発度自体は変わらないが、論文を掲載してくれなくなっている可能性を指す。

だが、研究自体が下火にせよ、カイゼン研究にこうしたバイアスがかかっているにせよ、日本において「カイゼンは、日本の経営学界的には、それほど重要な研究対象ではない」と思われていることは確かである。

ここからは多分に筆者の主観にもとづいた議論であるが、**日本においてカイゼンの研究をしているというと「本流ではない」という扱いを受ける**ことが多い。

再度アメリカの話に戻ると、アメリカではカイゼン研究の専門誌が立て続けに刊行されるようになったほか、総合雑誌においてもカイゼン研究が存在感を増しつつある。

たとえば、本節冒頭に登場したエイキン教授にくわえて、最近では、マサチューセッツ工科大学のウィルジアーナ・グローバー准教授やテキサス工科大学のジェニファー・ファリス准教授などが『International Journal of Operations & Production Management』誌や『International Journal of Production Economics』誌などでカイゼンをコンセプトにまとめながら、この分野をけん引している。

彼女らはカイゼンを「Kaizen event」や「Kaizen project」「Continuous improvement project」などといった概念でとらえなおしている。

その上で、彼女らは、カイゼンを製造業だけでなくサービス業などさまざまな業種に応用し、そこには共通の成功法則があるとした。もちろん、日本においてはサービス業などの分野でもカイゼンがおこなわれているというのは当然のことだ。当然すぎてそれをコンセプトにしようとした人がいなかったともいえる。だが、それでもコンセプト化にメリットがあることは本書ですでに述べたとおりだ。こうして、**カイゼンもまた、アメリカの研究者によってコンセプト化されつつある。**

ただし彼女らは、カイゼンに対して、いまだに前述の三つ以上の呼称をバラバラに用いている。ここからも分かるように、彼女らにしても、統一的な確固たるコンセプトにまとめられてはいない状況なのである。

だからこそ、**今ならばまだ日本の産官学にも挽回のチャンスはある。**

カイゼン・イベントというアメリカ発のコンセプト

マサチューセッツ工科大学のグローバー准教授やバージニア工科大学のエイキン教授、テキサス工科大学のファリス准教授などが、カイゼンを「Kaizen event」や「Kaizen project」「Continuous improvement project」といった言葉でコンセプト化しようとしていることはすでに述べた。

それではカイゼン・イベントやカイゼン・プロジェクトとはいったい何なのであろうか。

一言でいえば、カイゼン・イベントとは、カイゼンを構成する一つひとつのイベントに着目することをいう。普通、カイゼンとか改善活動というとき、「この作業のカイゼンは～」というように一つの変更箇所を指す場合と、「わが社のカイゼンは～」というように一社内でおこなわれるカイゼン全体を指す場合がある。

すなわちカイゼン活動の部分と全体をどちらもカイゼンと呼ぶわけで、これが混乱のもとにもなる。そこで、グローバー准教授らは、マネジメント可能性という意味では、このうち「部分への着目」が大事だとして、個々のカイゼンに対して、カイゼン・イベントなどの名前をつけたわけである。

なお、筆者はこうした区切りや定義そのものがカイゼン研究に固定観念を生じさせてしまい、カイゼンが大規模イノベーションに変化する芽をつんでしまうと考えている。こうした主張をおこなっているのが拙著『イノベーションを生む〝改善〟』である。これについては第5章で詳述するため、ここではあまり踏み込まない。

さて、アメリカにおいて、カイゼン研究をコンセプト化しようとしている研究者たちは、全体のカイゼン活動を構成する部分である個々のカイゼン・イベントに着目した。

そして、カイゼン・イベントは全体として少人数の参加者により、基本的には数日間といったように、他の経営活動と比べて短期で進められる。すなわち、比較的小規模な経営資源しか消費しない活動として定式化された。

そこにおいては、小規模なチームのメンバー構成、モチベーション、タスクの設計、目標と手段の明確化など、チームレベルのマネジメント要素が存在するとされた。そして、これらの要素のそれぞれがカイゼン・イベントの最終的な成果に「どのように」「どのくらい」影響するのかについて統計分析をおこなっているのである。

たとえば、統計分析の結果として、目標の明確性はカイゼンの能力と姿勢にもっとも影響していることが判明している。そして、チームの自立性や目標の困難性などはカイゼンの能力を向上させるが、カイゼンへの姿勢にはそれほど影響しないという。さらに、経営層によるサポートはチームのカイゼンの能力を増強しないが、チームのカイゼンへの姿勢の点では重要だと判明した。

そして、全体的には経営層によるサポートよりもチーム内の要因がカイゼン・イベントの成果に大きく影響している。これによって、カイゼン・イベントを活性化させ、成果を求めるならば、経営層の安易な介入よりも、チームの自立を促進させることなどが分かる。そうかと思うと、実はそこには媒介変数としてもともとの作業のルーティン化度合いや責任感が存在するといったことなども判明している。

ただし、これらの研究は研究対象のサンプルが変更されるたびに一見すると矛盾するような結果が出ることもあり、この点は注意が必要だろう。

研究結果の間に一貫した知見が得られない理由として、カイゼン・イベントは企業において多数生じるとしつつ、これらのデータが取りにくいという理由から、サンプル・サイズが数十といった範囲にとどまっていることや、研究が想定する母集団がそもそも一企業内や一業界内であるといった理由が挙げられる。

こうした定式化と計量化、そして統計分析には、もちろんメリットもある。まず、カイゼン・イベントは小規模のチーム作りが重要だとされたことで、大手製造業だけでなく中小企業やサービス業であっても利用できる理論となったことである。

これによって、カイゼンの研究の対象も、読者層も、以前よりも広がったといえるだろう。もう一つは、チーム内のレベルでのタスクの割り振りや設計、目標と手段の明確化など、理論的に効果的と予想される施策がどれも比較的実施しやすく、また成果測定も可能となっていることで、エビデンスにもとづいた経営活動を可能にしている点である。

カイゼン・イベントの考え方を用いれば、実務的にも、カイゼン・イベント研究の知見をすぐに取り入れ、そして効果測定の結果にあわせて方向転換することが容易になる。言い換えれば、カイゼン・イベントは、「今日から現場で活かせるちょっとした工夫」といったレベルの理論なので、すぐに取り入れやすいのである。

その一方で、カイゼン・イベントというコンセプトが取りこぼすものもある。

このコンセプトは、現場で取り入れやすいヒントといった類《たぐい》のものであるため、たとえば組織全体のマネジメントの視点や戦略的決定の視点などは抜け落ちてしまうだろう。

この点については本書の後半において取り上げていく。

サービスに落とし込むのも海外企業

カイゼンは日本企業の経営技術に根差したものであった。

そこには、生産現場の知恵に加えて、新郷重夫氏などのコンサルタント、日本能率協会や日本生産性本部などの公益的な業界団体、そして大学等の研究者といったさまざまな領域の知見が集まった。その結果として、アンドンやポカヨケなどカイゼンを促進させる手法も開発された。

本書は、そのカイゼンすらも、海外でコンセプト化されつつあると指摘した。それどころか、カイゼンは海外においてコンセプト化にもとづいたコンサルティング・サービスとしてパッケージ化されてきてさえいる。

たとえば、もともとは今井正明によってスイスにおいて設立され、『KAIZEN』の出版とともに世界的な知名度を得た、Kaizen Institute（改善研究所）は、アメリカ事務所をカリフォルニア州に設立して以来、カイゼンを誰にでも取り組める手法としてパッケージ化していった。創立者こそ日本人ではあるが、Kaizen Instituteは、今ではスタッフから役員にいたるまでほとんどがアメリカ人で占められている。

すなわち、顧客を知り（Know your Customer）、ムダをなくしてヒトやモノの流れを良くし（Let it Flow）、現場に足を運び（Go to Gemba）、従業員を組織し権限を与え（Empower People）、結果を見えやすくして透明性を保つ（Be Transparent）という五つの要素が「カイゼンの五つの柱（5 Fundamental KAIZEN Principles）」であると説明される。そして、これら五つの要素を組織に定着させるためのパッケージがあるという。

Kaizen Instituteは、こうしたパッケージにもとづいて、世界中の企業に対するコーチングや研修などをおこなっている。さらに、ビジネスシステムのカイゼン、組織変革、プロジェクト・マネジメントのカイゼンなどのコンサルティングも実施している。

たとえば次のようなサービスが提供されている。

リーダーやチームメンバーへの実践的な技術指導、問題解決と目標達成、アイデアの迅速な実行、変化する需要に対応するフレキシビリティの獲得、クライアントのニーズに効果的なリーン生産方式とカイゼン手法の実施、リーンおよびカイゼン・プロジェクトの管理、カイゼンやバリューストリームデザインなどのワークショップ設計、ビジネス・エクセレンス・プログラムの導入と管理、リーダーと協力してカイゼン文化を維持するためのシステム構築、カイゼンへのモチベーション管理などなどだ。

このKaizen Instituteは、現在、60カ国以上に、30以上の言語で、45分野以上を対象にコンサルティングをおこなっている。

Kaizen Instituteのサービス提供先には、ロイヤル・ダッチ・シェル、ＢＭＷ、ボッシュ、ソナエ（ポルトガル最大のコングロマリット）、コンチネンタル・オートモーティブ、クウェート石油、シーメンスなどの超大企業が並んでおり、アメリカの企業情報登録サイトであるズームインフォ（ZoomInfo）によれば２０２０年の最新の売上規模は約１００億円となっている。

Kaizen Institute以外にも、アメリカにはシックスシグマとリーン生産方式にもとづいたカイゼンをうたうContinuous Improvement Consultantsや、主に病院のカイゼンをおこなうKaizen RCM Consulting、さらにはソフトウェア化した製品やデータ分析を基にしてカイゼンについてのコンサルティングをおこなうThe Hackett Groupなどが存在している。

最後に紹介したThe Hackett Groupは、カイゼン専業のコンサルティング・ファームというわけではないが、その売上は70億円近くであり、アメリカのナスダック市場に上場も果たしているほどだ。

これに対して、日本においても、カイゼンを売りにするコンサルティング・ファームがないわけではない。しかし、こうした企業は、大抵は一人または数人のコンサルタントを抱えるのみで、売上も1億円に達しないことが多い。

このように、**カイゼンをパッケージ化してサービスとして世界に売り込んでいるのも、アメリカをはじめとした外資系企業**なのである。

本来ならばカイゼンは日本発の経営技術なのだから、日系のカイゼン・コンサルティング・ファームの中に、世界市場を独占するリーディングカンパニーが出てきてもおかしくはないはずである。しかし、言語の問題に加えて、コンセプト化の問題、抽象化と論理モデル化の問題によって、日本の産官学はこうしたチャンスをみすみす海外に奪われてしまっているのである。

しかも、日本において、カイゼンに関する経営技術をコンセプト化したり論理モデル化したりするのは、企業からも、政府からも、学界からもあまり評価されないという指摘はすでにおこなった通りである。日本企業は海外でコンセプト化されたきらびやかな概念をもてはやす傾向がある。その結果として、たとえばカイゼンのような日本の強みは、日本社会自身の手で打ち捨てられつつある。

その一方で、アメリカはカイゼンを着々と自分のものにしつつあることは、すでに述べた。しかも、実はカイゼンを狙うのはアメリカだけではない。インドやスウェーデンといった国が虎視眈々とカイゼンを狙っているのである。

これについて、次節でくわしくみていく。

カイゼン研究を虎視眈々と狙うインド、スウェーデン、中国

前述のバージニア工科大学のエイキン教授らによれば、カイゼンに関しての研究はアメリカ、イギリス、カナダといった英米系の研究者以外に、スウェーデンやインド、台湾、シンガポールなどの研究者を中心に、年々、論文発表数が増加の一途にあるという。

ミッド・スウェーデン大学のダニエル・カーナード博士やインゲラ・バックストローム教授らによる後続研究でも、イギリスとアメリカの順位が入れ替わったり、メキシコ、スペイン、アラブ首長国連邦といった国でカイゼンの研究が盛んになっていることが主張されたりするものの、カイゼン研究の活発化状況に関する大まかな認識は変わっていない。

こうした論文を発表していることからも分かるように、**製造立国で知られるスウェーデンは日々カイゼンの研究を進めている。**たとえば、マーラダーレン大学では、カイゼンなどの製造業に関する経営技術を研究するセンターが設置され、ヨージ・ヤマモト研究員などがカイゼン活動の研究に従事している。

また、これまで度々登場している、アジャイル生産で有名なアンガッパ・グナセカラン教

授などはインド系である。彼が長らく編集長を務める『Benchmarking』誌は、他社のベストプラクティスをベンチマークし、それを取り入れることでカイゼンをおこなうという目的意識が強い雑誌だ。

この雑誌に投稿しているのは、アメリカやイギリスの研究者以外に、映画『きっと、うまくいく』等でも有名になったインド工科大学所属の研究者が多い。いずれにせよ、この中に日本の研究者が食い込んでいくことはあまりない。

こうした状況は実務においても同様である。

日本では、トヨタ自動車などカイゼンのリーディングカンパニーを定年退職した方や、定年を待たずにカイゼンやトヨタ生産方式を身につけて独立した方などが、カイゼンや日本の生産方式をコンサルティングする会社を設立することがある。こうした企業にとって、近年では一番の上顧客は中国企業だという。

筆者がこうしたコンサルタントにインタビューしたところによれば、日本企業もこうしたカイゼン系のコンサルティング・ファームを利用することがあるという。しかし、こうしたカイゼン系コンサルティング・ファームへの中国企業からのオファーは、日本企業からのそれとはけた違いの好条件であるという。

たとえば、中国では、カイゼンやリーン生産方式について日本の実務家や研究者が著した本が翻訳して発売されることが多い。しかも、大抵は日本での売れ行きよりも中国での売れ行きの方が好調だという。もちろん、中国の人口は日本の十倍近いのだからあたりまえだと思われるかもしれない。

しかし、中国の出版市場はその分出版される本も多いし、出版市場だけを見れば、日本の市場との規模の差が十倍以上もあるわけではないだろう。それにもかかわらず、日本市場よりも中国市場での方が、カイゼンについての日本人の本が何倍もあるいは何十倍も売れるというのである。

実務家の著作だけでなく、日本の研究者によるカイゼンやリーン生産方式についての研究書も、英語化より先に中国語化されるという例は多い。

また、中国の自動車メーカーなどは、定期的にカイゼンやリーン生産方式についての勉強会を開催している。そこには、実務家に加えて、経営学者、生産工学者などが集まる。実際に、筆者も2015年に一度そうした勉強会に参加して、その時のインタビュー調査の結果を論文にまとめている。

ただし当時の観察では、中国企業は、日本の経営技術を全体への影響を考慮せずに何でも導入している状況であった。少し専門的な話になってしまうが、たとえば混流生産（一つのラインで複数の品種をつくること）をおこなっていないのに、混流生産に対応するための「順立て」という経営技術を先に導入してしまうなど、無意味な投資も多かったといえる。

このように、中国企業は日本企業のカイゼンから学べるものは何でも学ぼうという姿勢を持っている。現時点では、文脈依存度の高い日本の経営技術を、文脈を無視して導入しているために、中国企業は失敗も多い。しかし、今後こうした点を克服できれば、中国企業が日本の誇るカイゼンという経営技術を吸収することも十分考えられる。

カイゼンについての研究は、コンセプチュアルな議論が比較的得意な英米系の研究者や企業によってのみ取り組まれているのではない。インドやスウェーデンなど製造業に力を入れている国においても、研究が蓄積され続けているのである。

対する日本はといえば、カイゼンについて海外に発信する研究は、藤本隆宏教授や新宅純二郎教授を中心として設立された東京大学ものづくり経営研究センターを中心とし、明治大学・青木克生教授や富野貴弘教授、埼玉大学・朴英元教授といった研究者による発信などの例外を除けば、ほとんど皆無に近いといってよいだろう。

また、国内でのカイゼンに関する論文発表数も、大規模な経営学の学会においては、ほとんど増えていない。歴史的に日本は製造業が強い国だったにもかかわらず、である。そして、カイゼンを産業界において広く利用しようという動きも日本にはあまりないといえるだろう。

もちろん、本書で何度も繰り返しているように、カイゼンの価値をきちんと認識した結果として、そうした状況が生まれているのならばそれでもよい。しかし、第5章でも見ていくように、カイゼンの真価は少なくとも筆者による研究の結果をみるかぎり、いまだ十分に理解されているとはいえない。

あらためて、日本の産官学はなぜ、カイゼンという自らの強みを自らの手で捨て去るのだろうか。

もちろん、海外に目を向けることも大事である。しかし、もともとの日本の強みであり、かつ海外からも近年注目されているカイゼンを捨て去るというのはやはり理にかなわない。海外に目を向けるのならば、こうした潮流を感じ取って、日本からのコンセプト化と世界への発信を積極的におこなうべきではないだろうか。

それにもかかわらず、日本はカイゼンという強みさえも捨てようとしている。どうしてそのような状況が生まれてしまうのだろうか。

そこで、本章の最後となる次節では、「日本はいったい何に負けたのか」について、もう一度考え直してみたい。

日本は「何に」負けたのか

この第4章では、経営技術のグローバル競争時代において、日本が誇る経営技術であったカイゼンさえもが、海外の産官学に奪われつつある状況を描いた。

それではいったい日本は何に負けたのだろうか。

もっとも**単純な答えはコンセプト化の力で負けた**ということだろう。日本はもともと文脈依存度の高いコミュニケーションを強みとしてきた。だからこそ、多民族・多国籍の人に普遍的に伝わるようなコミュニケーションの方法、すなわち抽象化と論理モデル化の訓練の場が少なかったといえる。

また、抽象的な議論を展開しても「具体的にはどういうことか」や「実際に何に使えるのか」という疑問がはさまれやすいということもあるかもしれない（ただし、これはあくまでも印象論である）。

だが、日本が負けたのはコンセプト化の力だけではない。

日本は、日本の経営技術を信じる力で負けているのである。

すでに指摘しているとおり、日本の産官学には、根拠なき悲観論や、根拠なき自虐、自信喪失といった雰囲気が蔓延している。日本企業が海外のコンセプトをろくな検討もせずに追いかけるということもある。政府等が「オープン・イノベーション」などのコンセプトを、その本質を追求することなしに、闇雲に取り入れることもある。そうこうしているうちに、アメリカをはじめとする世界は日本の経営技術を虎視眈々と狙っているのである。

皮肉なことに、日本を冷静に客観的に評価しているのは、日本ではなく世界なのだ。

筆者をはじめとする日本の研究者もまた、海外にばかり目を向けてきた。海外のコンセプトを使って、海外の事例やデータを使って、海外の研究者と見分けがつかないようにならなければ、海外の学術雑誌に論文を掲載してもらえないという雰囲気が漂っている。実際に、自戒を込めていえば、筆者自身もそうした雰囲気にのまれて研究業績を積んでいた時期もあった。

だが、本当は日本において日本独自の研究をしながら海外に発信する手もある。

実際に筆者も、こうした反省を活かして、日本独自のカイゼン研究を世界に向けて少しずつではあるが発信しており、海外に何人かの共同研究者や理解者も出てきた。彼らはもともとの知り合いではなく、筆者の論文を読んで連絡を取ってきた仲間である。その結果として、アメリカ生産管理学会（Production and Operations Management Society）の創設者であるボルティモア大学・カルヤン・シンハル教授や、『Management Science』元編集長などが共同で立ち上げた実務向け雑誌『Management and Business Review』誌に、日本式のKaizenを再考すべきと主張する論文が受理されている。

　世界は急速にグローバル化を進めているといわれる。しかし、だからといって強みを捨ててアメリカと同じになる必要はない。

　むしろ、アメリカと同じになろうとしても、すでにアメリカの産官学が強みとするものに追いつこうとする時点で、二番煎じにしかならないだろう。

　グローバル化の時代にあっても移動しないのは、国と地域、そしてその地域に根差したコミュニティそのものである。だからこそ、そうして移動しづらいものまでアメリカと同一にするのではなく、むしろ独自性・多様性を持つことによって、アメリカをはじめとする世界から注目されることを目指すというのが、戦略的にも正しいだろう。

　そのように考えると、日本の産官学は、実はこうした戦略でも負けてきたのではないだろうか。

本来、経営戦略というのはビジネスにおいて「何をするか」ではなく「何をしないか」を考えるものである。そして、その際には自己の強みと弱みを把握して、それに合わせてポジショニングをおこなう。戦略の基本に立ち返れば、日本が日本の強みを捨てて、アメリカで流行っている経営技術をすべて後追いするというのは「あれも、これも、何でもやろう」とする明らかな戦略ミスである。

せっかく日本にはたとえばカイゼンのような強みがあるのだから、元から日本が強い分野の経営技術のコンセプト化と発信に注力し、同時にアメリカがすでに強い経営技術のコンセプト化の後追いはせずに素直に利用者として取り入れる、というのが差別化戦略というものである。

そのように主張すると、「それでは世界から取り残されてしまうのではないか」と心配する人もいる。

だが、**日本独自の価値や日本独自の経営技術のコンセプト化を進めるというのと、鎖国をするのとは全く別**である。ここで主張しているのは、日本の経営技術を大切にし、独自のコンセプトを作り上げつつ、同時に常に世界の動向にもアンテナを張りめぐらすということだからだ。アメリカの後追いをするのではなく、日本の独自性を追求して、それをもとにアメリカ発の経営技術と日本発の経営技術を適宜交換するということである。

これって普通のことじゃないか、と思われたら筆者の主張の大部分は伝わったことになる。

これはまさに貿易では常識なのだ。

貿易においては、仮に全産業の生産性が優位にある最強の国家があったとしても、その国はその国の中で比較的得意な生産物に特化し、開国して他国と自由貿易をした方が、国民全体の効用が増加すると論じる。得意なものに注力し、各国にそれぞれ得意とする貿易品が存在し、それを互いに貿易・交易することで、すべての国がそれ以前より豊かになるのである。

現在、この考え方は世界の貿易政策の根幹をなしている。

実は、本章で主張していたのは、**経営技術のグローバル競争においても貿易的視点で考えよう**ということなのである。だから、本来ならば政策的にもあたりまえのことなのだ。それにもかかわらず、何かの力によって、経営技術に関してはこうした考え方が取られてこなかったのが問題なのである。

だからこそ今、日本の産官学が経営技術の逆輸入という状況を認識し、方向転換する必要がある。

その上で、たとえば学界に関しては、日本発の英語ジャーナルを創刊して、こうした日本の経営技術にもとづいたコンセプトを発信していくという手もある。さいわいなことに、アメリカをはじめとする世界の企業や研究者たちは、世界中に何かいいアイデアがあればすぐに飛びつくのはすでに見てきた通りである。

日本発の経営技術をもとにしたコンセプトで日本企業の調子がいいとなれば、世界はすぐに日本発の英語ジャーナルからも学ぶようになるだろう。

第４章のまとめ

本章では、日本がこれまで得意としてきたカイゼンさえもがアメリカをはじめとする諸外国によってコンセプト化されようとしていると指摘した。

カイゼンさえもが経営技術の逆輸入という状況を許しつつあるのである。これによって、経済的利益の喪失をはじめとしてさまざまなデメリットがあることは前章までで確認してきた通りだ。

日本の産官学は、日本発の経営技術を重視してこなかった。その結果として、日本が理想とするＧＡＦＡＭの一角であるアマゾンの創業者ジェフ・ベゾスさえも魅了する、カイゼンという強みを、自ら捨て去ろうとしている。カイゼンの研究は今ではアメリカやイギリス、インド、スウェーデン、台湾といった国・地域の研究者に担われてしまっているのである。もちろん、世界中の優秀な研究者が日本の経営技術を研究してくれるというのは、喜ばしいことである。それ自体は悲観すべきことではない。

しかし、諸外国が着々と日本の経営技術から学ぼうとしているときに、日本は独自性を捨ててアメリカの真似をするだけだった。

アメリカでは、カイゼン・イベントというコンセプトが生まれており、小さく区切られたカイゼンのプロジェクトへの「ちょっとしたノウハウ」の蓄積がおこなわれている。そして、カイゼンを促進するノウハウをパッケージ化して世界中に提供する会社も出てきている。こうした企業や研究者は誰しもカイゼンの源流が日本にあったことを認めているが、同時にもはや日本はカイゼンに関する経営技術の先進国とはみなされていない。

こうした状況をもたらした理由はいくつかある。

一つには、日本の産官学を支配する根拠なき自虐や自信喪失、ないし悲観論といったものである。これらは意識の問題であるので、今日から変えることも不可能ではないだろう。もう一つは戦略的な視点の欠如である。経営技術のグローバル競争において、貿易論的な考え方を採ることができなかったという問題と言い換えてもいいだろう。

グローバル化が進展する世界において、この考え方はますます有効になっていく。ヒト・モノ・カネ・情報などあらゆるものが国境を超えて安価にかつ素早く移動する世界において、国そのもの地域そのものは移動しない。また、そこにあるコミュニティそのものは移動しづらい。だからこそ、移動しづらいものの中でいかに独自性を保ち、他国と貿易できるかが重要になってくるのである。

それにもかかわらず、経営技術に関してだけは、貿易の視点がすっぽり抜け落ちてきた。

不思議なことに、経営技術とそのコンセプト化に関しては、なぜか日本の産官学は無謀にも自らの強みを捨ててアメリカを追いかけている。それではアメリカに勝てないばかりか、貿易の土台となる日本の独自性もなくなるのは明らかである。

こうしたことを、本書はこれまで主張してきた。そして、第4章は、カイゼンという経営技術に着目してよりくわしくこうした点を確認してきた。

ただし、このように日本の産官学の問題点を指摘するだけでは、著者としては無責任だと考える。そこで、続く第5章において、筆者は日本発のカイゼン理論についての私案を提案してみたい。これはカイゼン・イベントの考え方を包括しつつ、カイゼン・イベントの考え方では取りこぼしてしまう現象、カイゼン・イベントの重大な欠陥を補うものである。

そのコア・コンセプトは「問題解決の連鎖としてのカイゼン」「イノベーションそれ自体のマネジメント」である。

おそらく、こうしたキーワードだけでは意味不明なままだろう。

そこで、これらについて、次章でもう少しくわしく、一つずつ解説していきたい。

第４章への補足：海外におけるカイゼン研究の「罠」

カイゼンは現場に任せておけばいい、という認識は間違いである。

なぜならば、現場がどんなにカイゼンを頑張っても、**全体からして正しい場所をカイゼンしなければ全体の成果には繋がらない**からである。そのため、カイゼンを単なるバラバラな積み重ねにしないためには、何を目指してカイゼンするのかというビジョンと、カイゼン同士が出会うための組織設計が必要である。

そこで筆者は２０１９年に出版した『イノベーションを生む〝改善〟』（有斐閣）を、**「現場カイゼンは必然的に全社マネジメントだ」**というメッセージで終えた。

当該書籍を要約したカイゼン・イノベーションについての２０２２年の論文「Continuous Improvement Revisited: Organization Design as the Last Step in Gaining the Full Competitive Advantage of Kaizen」は、その後、アメリカ生産管理学会等が中心になって創刊した『Management and Business Review』誌に掲載された。

この論文には「両利きの経営」で著名なチャールズ・オライリー教授から次のようなコメ

ントが寄せられた。

この論文は、カイゼンというプロセスが常に漸進的な改良のみをもたらすとは限らず、時には非連続的な進歩をもたらすこともある、ということをうまく言い当てていると思います。これに関して、興味深いことに、アマゾン・ウェブ・サービス（２０２１年に６２０億ドルの事業規模）もまた、２００２年に開発者のＩＴインフラへのアクセス性を向上させるための小さな社内プロジェクト（工程カイゼン）から始まりました。これをきっかけに、アマゾンはＩＴサービスを外部の開発者にも販売できると認識しました。ＱＲコード（注：原文のOE codeはQR codeの書き間違いだと思われる）の例も、効率化のための社内プロジェクトが、結果的に抜本的な変化につながった例でしょう。そういう意味では、漸進的なイノベーションがラディカルなブレークスルーを生むことがあるというのは、私も同意見です（I liked it and thought you made a good case for why continuous improvement [a process] does not always produce only incremental improvements but can, on occasion, result in discontinuous advancements. It's interesting that the origins of Amazon Web Services [a $62 billion business in 2021] began in 2002 with a small internal project to improve the accessibility of IT infrastructure for developers ［a process improvement］. This led to a recognition that Amazon could also sell IT services to external developers. I think your example of the OE codes is of this sort: an internal project to improve efficiency results in the discovery of something that offers radical improvements. In this sense, I agree with you that incremental innovation can sometimes produce radical breakthroughs.)。

また、ビル・ゲイツとマーク・ザッカーバーグの愛読書としても知られる『人類とイノベーション』の著者マット・リドレー子爵からは「これは私が考えるイノベーションのあり方と非常にシンパシーがありそうです。俊兵が書いた他の論文も、これから読むのが楽しみです。(this looks very much in sympathy with how I think about innovation. I look forward to reading Sumpei's papers fully.)」とのコメントが寄せられた（注：原文の Sumpei は Shumpei の間違い）。

このように、筆者のカイゼン研究に対しては、世界のイノベーション研究者からは一定の評価を得たといえよう。

一方で、**世界のカイゼン研究者は、２０２１年からの2年ほどの間に、どんどんと狭い学術の世界に閉じこもっていっている**ように見える。彼らはイノベーションに対置した概念としてカイゼンの定義を明確にし、カイゼンの限界を決めた上でデータを測定して統計解析した論文を書くか、いっそ哲学的で実務的な意味が皆無の論文を書くかのどちらかになってしまっているのである。

これは、デニス・トゥーリッシュ『経営学の危機』（白桃書房）等で批判されている現代アメリカを中心とする世界の経営学界の病理そのものである。

5

最新シミュレーションで日本の経営技術をよみがえらせる

日本企業はなぜ「強み」を捨てるのか

第5章の要約

- 日本の経営技術を世界に対して輸出することも可能である。その一例として本章で取り上げるのが、カイゼンを最新のシミュレーション手法でよみがえらせるという研究である。
- こうして日本の経営技術の逆輸入状況を打開する一例を示す。さらに、ここで紹介する研究自体が、日々の経営活動にプラスになる視座を与えると考えられる。
- カイゼンは「潜在的な問題解決の連鎖」として、コンセプト化することもできる。このコンセプト化により、カイゼン・イベントなどの既存研究が取りこぼしてきた、「カイゼンが大規模イノベーションに変化する条件」を探索できる。
- これによって、企業がカイゼンから競争優位を最大限引き出すために、経営実務家が考えるべき事項も明らかになる。
- 日本の自動車産業では、カイゼンが持つ潜在的な問題解決の連鎖のどこまでを扱うかという点に、各社で特徴がみられた。具体的には比較的小規模中心、比較的大規模中心、小規模から大規模までバランスよくカイゼンをおこなう企業、という三つの特徴である。
- こうした差異の発生理由を説明できるのが、「潜在的な問題解決の連鎖モデル」である。さらに、事例分析と人工社会実験によって、問題解決の連鎖のどこまでを扱えるかには、組織設計が影響している可能性が高いことが判明した。

- このとき、組織設計をおこなうのは経営トップであるため、現場のカイゼンにも必然的に全社マネジメントの視点が必要になる。
- 問題解決の連鎖モデルは、カイゼン・イノベーション論や、イノベーションそれ自体のマネジメント論といった、より大きな視点のコンセプトにも、今後つながっていくだろう。

用語解説

イノベーション：新しい製品、生産工程、市場、材料、組織の実現を引き起こす技術革新のこと。このとき、比較的大規模なイノベーションのみをイノベーションとする論者や、小規模なインクリメンタル・イノベーションという概念の中にカイゼンを含む論者などさまざまな立場が存在する。

潜在的な問題解決の連鎖モデル：一つの意思決定と問題解決にもとづくカイゼンが、次なる意思決定と問題解決の機会を引き起こすというモデル。いわば変化が変化を呼ぶという状況のモデル化ともいえる。なお、こうした問題解決の連鎖の余地は、常にあらわれるわけではなく、潜在性を持つにとどまるという点に特徴がある。

人工社会実験：マルチ・エージェント・シミュレーションと呼ばれる、人工知能を多数作成して相互作用させ、人工知能による仮想的な社会の中でさまざまな実験をおこなうこと。

組織設計：組織という人間集団内での権限の配分や、組織構成員の指揮命令系統・コミュニケーション経路などのあり方を設計および決定すること。

カイゼン・イノベーション：潜在的な問題解決の連鎖モデルを、いわゆるカイゼンだけではなく、イノベーション一般にまで拡張したコンセプト。

イノベーションそれ自体のマネジメント：これまでの、イノベーションをめぐる組織や資源などのイノベーションの外側にあるものをマネジメントする考え方から脱却して、逆転の発想で、変化そのものの視点からイノベーションのマネジメントを考える理論。

本書では、日本発の経営技術のコンセプト化の必要性について述べてきた。すなわち、経営技術のコンセプト化によって、さまざまな利益が日本の産官学にもたらされると主張してきた。

そして前章では、経営技術のコンセプト化の一例として、カイゼンという経営技術に特に焦点を当てた。そこでは、日本の十八番とされた経営技術であるカイゼンさえもが、アメリカを中心とした海外勢の手によって、コンセプト化されつつあると述べた。

このとき、こうして危機感をあおりつつ、筆者自身はコンセプト化とその国内外への発信をおこなわないというのでは、言行一致ができていない。そして、言行一致ができていない状態では、ここでの議論の説得力も薄まるだろう。

そこで、**この第5章では、筆者によるカイゼンのコンセプト化の取り組みを紹介することにする。**すなわち、日本発の経営技術のコンセプト化と発信の取り組みを紹介してみるのである。ここで筆者が提案するコンセプトを一言で述べれば、**「潜在的な問題解決の連鎖としてのカイゼン」**と表現できるだろう。

しかも、これは単なる日本発のコンセプト例の紹介にとどまらず、日本の産官学にとっても有意義な理論を提供できる、と筆者は考えている。

図12　本書における第5章の位置づけ

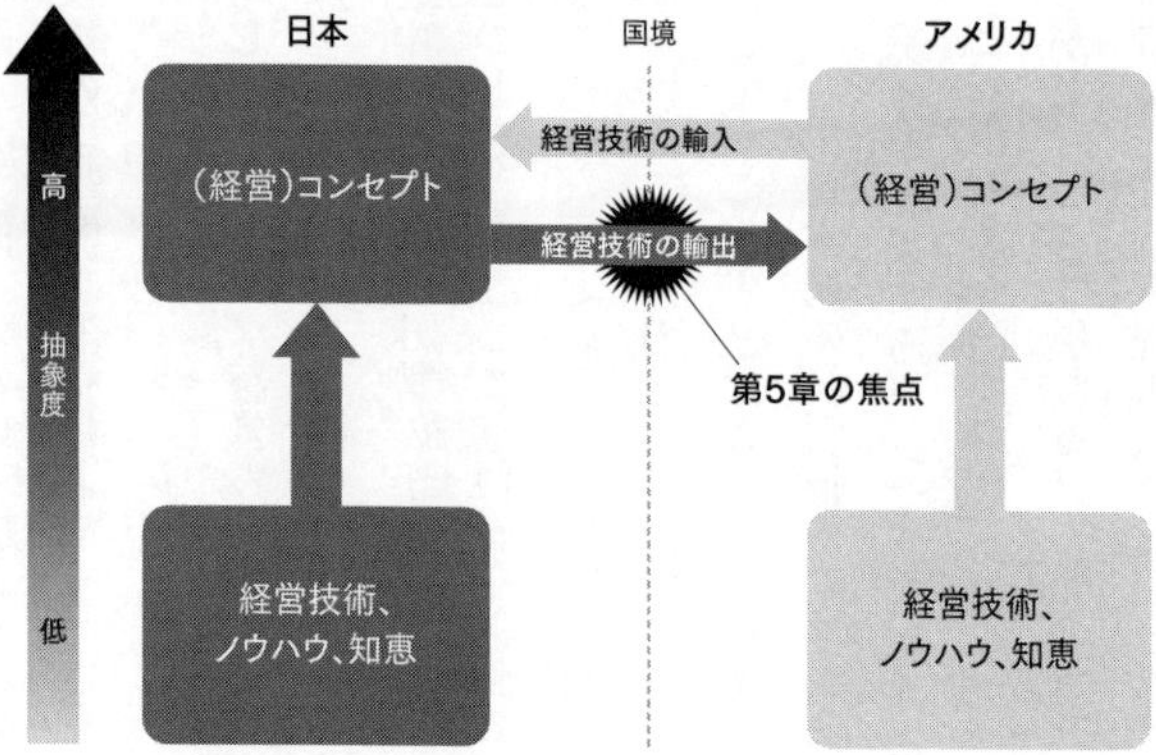

ここで、第5章の位置づけを図示すると図12の通りになる。

すなわち、この第5章では、経営技術の諸外国への輸出の試みとして、カイゼンに着目してみた。第4章において、カイゼンさえもが海外発のコンセプトに変化させられつつあると述べたが、こうした海外発のカイゼンには不十分な点がある。こうした点を確認することで、読者にとっては二つの利点があるだろう。

一つは、経営技術の輸出も可能であると示すことである。もう一つは、ここで紹介する新たなカイゼンのコンセプト自体が、日々の経営活動におけるヒントを提供する可能性である。ここで紹介するカイゼンについてのコンセプトは、学術的な価値だけでなく、実践的な側面があるし、製造業だけでなくすべての企業において利用可能なものである。

それでは、さっそく本章で紹介するカイゼンのコンセプトをみてみよう。まず、ここではカイゼン・イベントのようにカイゼンを小さなプロジェクトに区切るのではなく、**カイゼンを「潜在的には問題解決の連鎖性という特徴を持つ連続体」として扱う**。つまり、一つのプロジェクトらしきものが次のプロジェクトらしきものを触発し、こうした連鎖の中で、全体として大きなイノベーションが創発することもあるとするコンセプトである。

若干抽象的な話が続くが、しばしおつき合いいただきたい。

ここでは、カイゼンを、「本来は問題解決の連鎖なのだが、それを観察者が無理やり区切ればカイゼン・イベントのように小さく完結したプロジェクトのようになる」と考える。また、経営トップが、カイゼンの持つ潜在的な問題解決の連鎖のうち、どこかで「連鎖を断ち切る」という選択をおこなうこともありうるだろう。

カイゼンをこのように再度コンセプト化しなおすことで、カイゼン・イベントのような既存のコンセプト化では取りこぼす現象を説明することもできる。その意味では、アメリカ発のカイゼン・イベントは、一面では優れたコンセプトであるが、カイゼンの持つ潜在能力を奪ってしまうという重大な問題も抱えている。

カイゼンを「潜在的な問題解決の連鎖モデル」としてとらえ直すことで見えてくる現象はいくつかあるが、共通するのは**「大規模イノベーションとしてのカイゼン」や「カイゼンの大規模イノベーションへの変異」**といった特徴である。実は、**カイゼンとイノベーションとは明確に区切れるものではなく、地続き**なのである。

ここからは具体例で考えてみよう。

カイゼンとイノベーションとが地続きだということは、実際に現場で開発や生産に携わる方ならば誰しも半分は理解していることだ。たとえば、アマゾンにしてもフェイスブックにしてもトヨタのプリウスにしても、地道なオペレーション、コード、設計のカイゼンがなければ現在の姿になっていない。

といっても、この段階で「いや、カイゼンはイノベーションとはまったく異なる」と思われる方もいらっしゃることだろう。だからこそ、先に「半分は」という注釈をいれていた。この点は、本章を最後まで読んでいただければ、「残りの半分」も理解していただけると考える。

たとえば、イノベーションの代表例とされるような大規模プロジェクトのプログラミングにおいても、設計の後は地道なコーディングとテスト、そしてカイゼン、そのカイゼン策のテストが延々と続くことはプログラマであれば常識であろう。グーグルにおいてさえも、スーパープログラマたちの仕事の多くは、コンバージョン率やクリック率を向上させたり、無駄なコードを省いて動作速度を向上させたりといった、カイゼンなのである。

ただし、「カイゼンを地道におこなえば、いつの日かイノベーションが生まれる」という理解もまた、間違っている。

もし地道なカイゼンがすべてイノベーションにつながるのであれば、日本は今頃イノベーション大国のはずである。だがそうなっていないのには、ちゃんと理由がある。

たしかにイノベーションの土台にはカイゼンがあるのだが、そこに時間的・空間的に広い視野やビジョンおよび戦略が合わさって初めて、カイゼンがイノベーションへと結実するのだ。そのことを認識せずに愚直にカイゼンに取り組むだけでは、努力としてはすばらしいが、イノベーション創出はいっこうに進まないだろう。

なお、ここで提案するカイゼンについての新しいコンセプトやものの見方は、次に説明するように「イノベーションそれ自体のマネジメント」と表現することもできるかもしれない。

これまでのイノベーション・マネジメントは、お金や人や組織という比較的見えやすいものをマネジメントする方法を考えてきた。イノベーションを創出するには「こういった投資が必要」とか「こういったチーム編成が必要」とか「こういった部署の設置が必要」といった具合である。

しかし、そうではなく、カイゼンのような変化「そのもの」を認識し、別の箇所の変化と掛け合わせたらどうか、一つの変化を別の箇所に持っていくとどうか、そして変化と変化が結びつきやすい条件は何か、といったことを考えることでイノベーションを創出できる可能性が高まる。こうしたことがカイゼンのコンセプト化から理論的に予測できるだろう。

これだけでは伝わらないかもしれない。

しかし、ここでの議論は、本章の最後まで目を通していただければ伝わるはずである。まずは次節の「カイゼンの3類型という発見」からだ。

なお、本章の議論は拙著『イノベーションを生む〝改善〟』を一般向けに簡略化したものに、筆者によるその後の考察を加えたものである。そのため、詳細な議論やデータ、ありうる反論への予防線、既存研究の詳細なレビューなどが気になる方については『イノベーションを生む〝改善〟』を参照していただきたい。

カイゼンの3類型という発見

カイゼン・イベントに限らず、たとえばエクスター大学のジョン・ベサント教授らによる「民主的なイノベーションとしてのカイゼン」など、既存のカイゼンのコンセプト化には共通する特徴がある。

それらは、カイゼンを「現場の作業組織による、生産工程や作業の改良を目的とした、小規模で独立的な変化」としてとらえてきたのである。なお、こうした研究の中には、言葉の問題として、カイゼンを小規模イノベーションやインクリメンタル・イノベーションと呼称するものもある。

いずれにしても、既存研究の多くはカイゼンを「いわゆるイノベーション」「大規模イノベーション」とは別のものであると考えてきた。

むしろ、イノベーションとカイゼンとを対置して、「技術者主導のイノベーション一辺倒ではなく、従業員全員参加のカイゼンも大事だ」といった主張をおこなう点に独自性を見出してきたともいえる。

実務家においても、カイゼンとイノベーションとはまったく別のものだという考えが支配的である。この点は、カイゼンをサービスとして提供するコンサルティング・ファームの多くが、イノベーションとカイゼンとを対置していることからも分かるだろう。

それに対して筆者は、こうした見方を単なるステレオタイプなのではないかと疑い、カイゼンの実態調査をおこなった。そして、カイゼンという経営技術において先進的であるとされてきた日本の自動車産業を、既存研究よりも長期間調査してみたのである。

その結果として判明したのは、日本の自動車産業におけるカイゼンは、「現場の作業組織による、生産工程や作業の改良を目的とした、小規模で独立的な変化」というイメージに完全には当てはまらない場合があるということだった。

すなわち、**ロボットが行き交い、ヒトの姿が見えない、未来の工場のようなものも「カイゼン」から生まれることがあった**のだ。もちろん、イノベーションという単語の代わりにカイゼンという単語を使っているだけの可能性も捨てきれない。しかし、詳細な参与観察にもとづいた調査によれば、必ずしもそうとはいえないことが判明した。

実態調査の中で、最初は誰の目から見ても小さなカイゼンだったものが、徐々に大規模化していくといった様子が観察されたのである。

図13　カイゼンの3類型

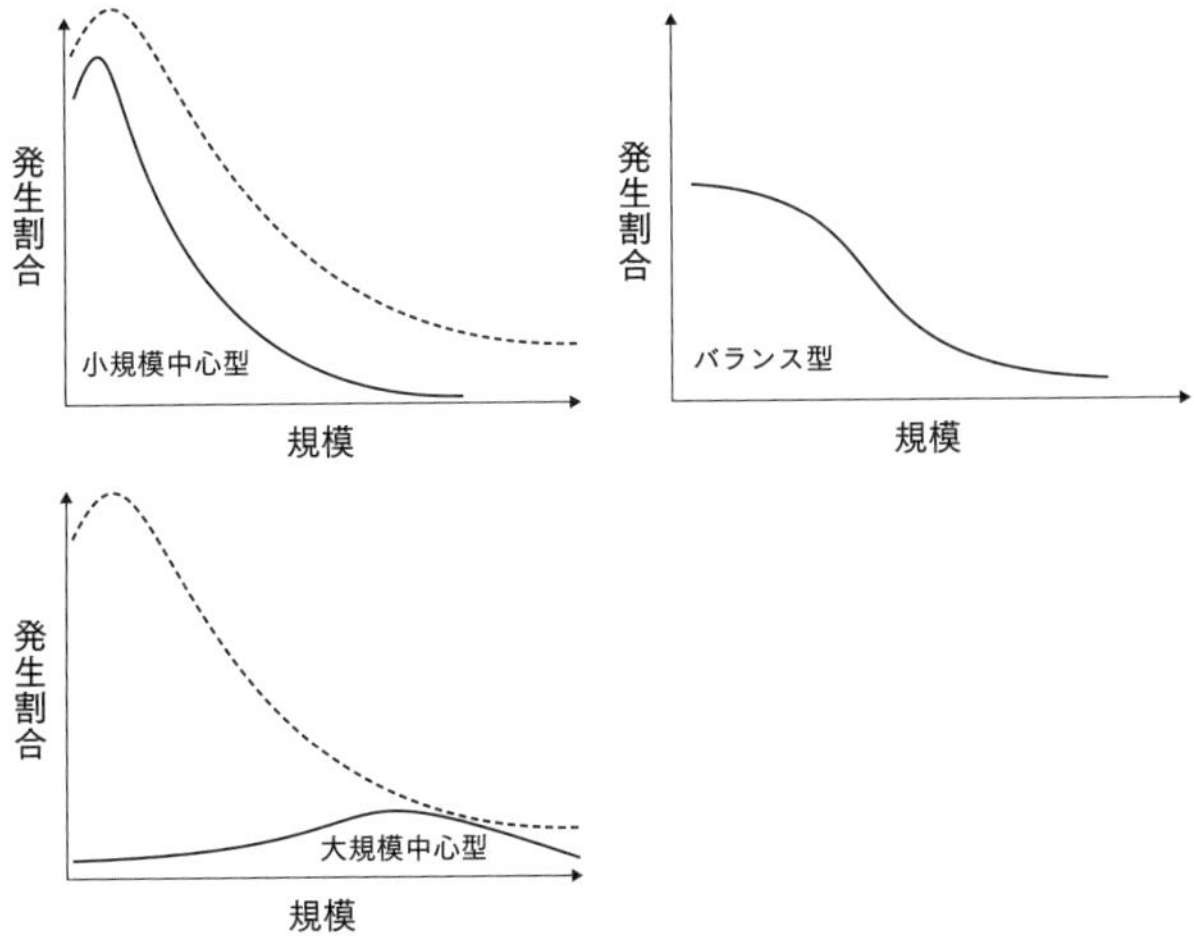

そうして、潜在的には大小さまざまありうるカイゼンの中で、企業ごとに「どのようなカイゼンに中心的に取り組んでいるか」には特徴があった。

日本の自動車メーカーの中には、ステレオタイプ通りの比較的小規模なカイゼンを中心的におこなう企業のほかにも、比較的大規模なカイゼンを中心的におこなう企業や、小規模から大規模までまんべんなくカイゼンをおこなう企業などが存在していることが判明したのである(図13)。

すなわち、カイゼン・イベント的なカイゼンばかりをおこなう企業も、ロボットが行き交う未来工場のような大規模な投資と技術者の支援を必要とするタイプのカイゼンを中心的におこなう企業も存在した。さらに、それらの中間で、個々のカイゼンの種を評価しながら、それを「どのくらいの規模にまで育てるか」を判断している企業も、存在していた。

ようするに、小規模カイゼン中心、大規模イノベーション型のカイゼン中心、その中間という、論理的にありうる三つの型がすべて確認されたわけである。

さらに、比較事例研究によって、上記のような企業間の差異が、組織設計の違いによってもたらされる可能性が示唆された。

たとえば「現場が本社の許可を得ずに使える資源がどれだけあるか」や「どのようなコミュニケーションの経路があるか」などの、会社全体で決めた組織設計と経営戦略が、現場のカイゼンにまで影響していたのだ。

より正確に表現すれば、資源使用権限が組織階層のどこにあるかによって「作業者中心型(分権的)」組織と「本社中心型(集権的)」組織がありうる。それらに加えて、現場と本社をランダムに移動しながら資源配分を調整するライン内スタッフという特殊な組織構成員が存在する「ライン内スタッフ型」組織という、3種類の組織形態が発見された。そして、分権的な組織では小規模なカイゼンが、集権的な組織では大規模なカイゼンが、中間型組織では両者のバランスを取ったカイゼンが、それぞれ頻発していることが分かった。

すなわち、日本の自動車産業において取り組まれているカイゼンは、海外のカイゼン研究者たちが想定するような「小さくて互いによく似ているプロジェクト」というイメージとは異なっていたのである。

むしろ、カイゼンには比較的小規模なものから比較的大規模なものまで存在するし、その中でどのようなものに集中するかといった点には、全社戦略の余地があった。

ただし、前述したように、こうした発見は単なる言葉の問題である可能性もある。すなわち、たしかにカイゼンと呼ばれる活動の中には本当は小さいものから大きいものまであるのかもしれないが、そのうち大きいものはイノベーションであって、ここにカイゼンという言葉を使うのは単に誤用であるという指摘もありうる。仮にこうした反論があれば、カイゼン・イベントのような海外系のカイゼン・コンセプトの有用性は失われない。

この「言葉の使用法の問題論法」はかなり手ごわい。

どんな証拠を提出したとしても「私たちの中ではそれはカイゼンと呼ばない」と主張するだけで、実務界でカイゼンと呼ばれるものの中に海外系研究者たちがカイゼンと呼ぶものとは性質の異なるものがあることを、無視できるためである。

しかし、次のような場合には、この「言葉の問題論法」は通用しないだろう。
まず、海外系研究者を含めて誰もがカイゼンと呼ぶような現象があるとする。
これは短い観察期間ではたしかにカイゼンとしかいいようがない。しかし、これを長期で観察してみると、未来の工場を実現するような大規模イノベーションに変化する場合はどうだろうか。一時点では誰もが認めるカイゼンだったものが成長して、誰が見てもイノベーションと呼ぶものになったとすると、**カイゼンもイノベーションも、もともとは同じ種から始まった**ということになる。

もちろん、これさえも言葉の問題として、「カイゼンが、大規模イノベーションになる場合もあるのかもしれないが、その時点でカイゼンと呼ばなければいいのだ」ともいえるだろう。しかし、だとすれば、カイゼンとイノベーションが地続きである点は認めたことになる。このとき、カイゼンとイノベーションを綺麗に切り分けられたものとして議論を進める従来のコンセプトは、もはや成り立たなくなるのである。

しかも、これから紹介する「カイゼンとイノベーションとは問題解決の連鎖によって地続きとなる」とするコンセプト・理論は、これまでのカイゼン・コンセプトとも共存できる。これまでの研究の成果を損なうことなく、その上で、カイゼンについての見方を根本から変化させるパラダイム・シフトを引き起こしうるのである。

こうした点を次節において確認していく。

カギは「潜在的な問題解決の連鎖」にある

カイゼンの中に、大規模イノベーションやラディカル・イノベーションに近いものがありうるとしても、それはいかなる理由で生じるのだろうか。すでに「潜在的な問題解決の連鎖性」というものがキーワードであることは述べた。

ただし、本書において、この問題解決の連鎖モデルについて、いまだ詳細な解説はおこなっていない。言い換えれば、似たようなきっかけで始まったカイゼンが、小規模なカイゼン・イベントと大規模イノベーションとに「分岐」する理由について、詳細なメカニズムは明らかではない。

出発点として、そもそも経営の「結果」と「プロセス」は当然には一致しないということを理解しておく必要がある。どのようなプロセスでイノベーションを起こそうとするかということと、結果として生まれるイノベーションの規模がどのようなものであるかについては、相関はあっても、完全に一致はしないだろう。

ここまではわりとあたりまえの議論である。しかし、この「あたりまえ」がカイゼンについてはしばしば混乱して議論されてきているのである。

このとき、大規模なイノベーションかどうかは結果に関する判断であり、一方でカイゼンはプロセスに関する概念である。だとすれば、カイゼンというプロセスを踏んでいても、ひょんなことから大規模なイノベーションという結果が起こることも論理的にはありうる。

このように考えれば、しばしば目にするカイゼンとイノベーションとは切り分けられているとする言明は、プロセスと結果を取り違えているのである。

実際に、カイゼンというプロセスが結果として大きなイノベーションにつながった例として、「ＱＲコード」と「変種変量ライン」がある。

本書でもすでに取り上げた通り、ＱＲコードの開発は、トヨタの一次サプライヤーであるデンソーにおいて、当初トヨタ自動車向けのカンバン伝票の処理を自動化するカイゼン活動から始まったものである。また、変種変量ラインとは、１ラインで５～６車種を同時に生産できる経営技術である。そして、筆者がトヨタ自動車高岡工場でおこなった約１カ月の参与観察と約１年間のフォローアップ調査によれば、変種変量ラインは、実は当初小さなカイゼ

図14　カイゼンが持つ潜在的な問題解決の連鎖性

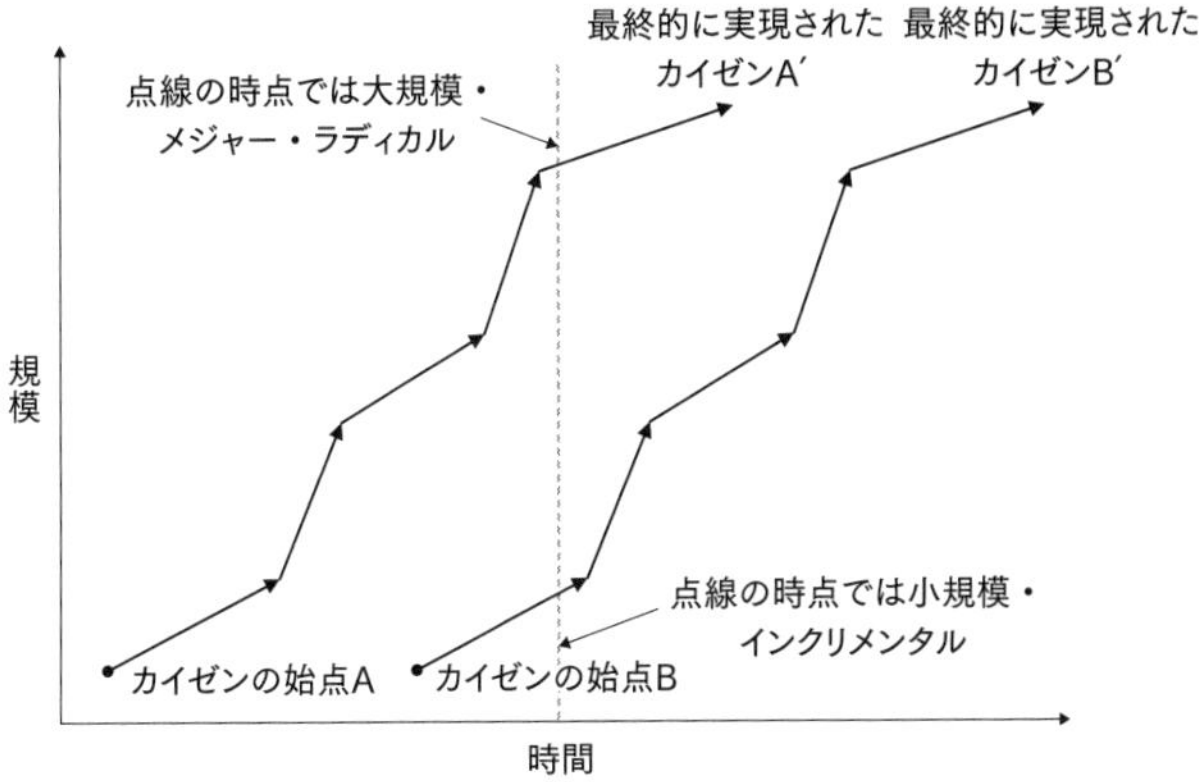

ンだったものが次第に大規模化し、工場の戦略に結実した例であった。

　それでは、カイゼンとイノベーションとを完全に別個のものとする考え方が論理的には間違っているとして、それでも実際の観察によって「多くの場合は」カイゼンとイノベーションとは別のもののように思えるのはなぜだろうか。その原因を説明できるのが、カイゼンが持つ潜在的な問題解決の連鎖という特徴である（図14）。

　そもそも製品やビジネスモデルなどを革新する「いわゆるイノベーション」は問題解決の連鎖をともなう。新しい製品やサービスを生みだすには、企画・財務・設計・生産などのさまざまな部署が、新しい試みによって生じる問題を次々と解決していく必要があるためである。

それに対して、カイゼンにはそうした問題解決の連鎖は生じないとされてきた。あるいは、生じるとしても、大した問題ではないとされた。カイゼンは小規模であって社内外への影響範囲が狭いから連鎖は問題ではないという論理である。しかし、こうした定義は、便宜的に置いたものにすぎず、よくよく考えればむしろ「言葉に縛られている」のではないだろうか。

こうした疑問が筆者の研究の出発点となった。

もう一度議論の流れを確認しておくと、製品開発や設備開発などのイノベーション活動には問題解決の連鎖という特徴があるとされてきた。たとえば製品開発は、調整範囲が最初から全社レベルに設定され、その調整活動は高度にルーティン化されていることで知られる。製品を開発するには、マーケティングをおこない、外観デザインを決め、構造設計をおこない、試作し、量産準備し……というようにほとんどすべての機能部に影響があるためである。

これと比べると、たしかに現場で完結することが多いカイゼンとでは、事情が異なりそうである。そして、そこで思考をやめてしまうと、カイゼンをめぐる問題解決は現場の作業集団といった範囲で完結する、という結論になりそうだ。

しかし実際には、多くの場合は上記の通りだとしても、カイゼンは製品開発等とは違った論理からやはり「問題解決の連鎖」を引き起こすのである。

その原因は、カイゼンが次のような理由から、まるで複雑系システムのようなフィードバックループを生じさせることにある。すなわち、カイゼンによってある工程や作業を変更すると、別の場所に問題が生じ、それを解決するうちに今度は別の場所に……という状況だ。

たとえば、カイゼンによってある作業を短縮した結果、二人でおこなっていた作業が一人で済むようになり、空いた作業スペースにロボットを置けるようになり、大きくて重い部品でも時間をかけずに組み立てられるようになり、これまで同一ラインで生産できなかった車種も生産可能になった、といったことも起こりうるだろう。

こうしたことが起こりうるのは、カイゼンのプランが考えられる場と実施される場とが物理的に同一であり、さらに、生産現場はさまざまな組織の思惑が絡む場でもあるためだ。これにより、カイゼンがおこなわれたこと自体によって事前の想定が変化し、プラスにもマイナスにも想定外のことが起こることで、追加の問題解決の余地が生まれる可能性がある。

このメカニズムによって、1日や数日などの短い時間で観察すると小規模と大規模とに分かれて見えるカイゼンとイノベーションも、長期で見れば実は最初は似通ったカイゼン活動がきっかけだったといった状況となる。それらは、実は「問題解決の連鎖のどこまでを扱ったか」によって、当初は同じように見えたものが徐々に分岐していっただけだとも考えられる。

　こうした問題解決の連鎖の中で、カイゼンが技術者を必要とすることも、相互に影響しあうことも、大規模になることも、製品設計に変更をもたらすことも、ありうるだろう。ただし、カイゼンはあくまで「潜在的に」こうした問題解決の連鎖性を持つにすぎない。**カイゼンには大きなイノベーションになる可能性があるが、それをどこまで実現させるかは全社レベルのマネジメントの問題**である。

　また、すべてのカイゼンを大きく育てるのが必ずしも常に良いマネジメントというわけでもない。カイゼンを大規模イノベーションにするには、経営資源の投入が必要であり、そこにはリスクがともなうからだ。

　カイゼンをおこなう中で、次々と生じる問題解決の連鎖の多くを実現させるか、それとも最初の段階で連鎖を止めてしまい以後は連鎖させないか、その中間で個別判断するか、など依然として選択の余地がある。

　このとき、カイゼンの影響範囲が大きくなるにつれて、動員される資源の量・影響を受ける組織の範囲は増加すると考えられる。カイゼンが潜在的には問題解決の連鎖性を持つとしても、それが発現するには、組織内外のさまざまなアクターが興味を持ち・関与し・資源を提供する必要がある。だからこそ、こうした資源の配分のあり方と組織内の人間同士のネットワーク形状という、組織構造によって最終的に実現されるカイゼンは影響されると考えられるのである。

こうしたことから、カイゼンの潜在性に対して組織構造がインキュベーター・孵《ふ》化《か》装置として影響を与え、最終的に実現されるカイゼンには、企業ごとに一種の傾向性が生じる。

人工社会実験でカイゼン研究をよみがえらせる

前節で述べたような筆者によるカイゼンのコンセプト化は、基本的に参与観察やインタビュー調査、そして質問票調査をもとにしたものである。

しかし、そのままでは抽象化・論理モデル化による一般論にはなりづらい。事例をもとにして何かを論じたとしても「その事例の文脈ではそうかもしれないが、別の文脈ではそうではない」といえてしまうためだ。これは本書のテーマである「文脈依存度」に関する問題である。

そこで筆者は、ここで提案したコンセプトを、論理にもとづく抽象的なシミュレーション・モデルとして再現してみた。具体的には、マルチ・エージェント・シミュレーションと呼ばれている、近年隆盛しつつある仮想実験手法を用いた。artisoc4.0というシミュレーション言語を使い、コンピュータ上に数千体の人工知能を生成し、人工知能同士を交流させることで「人工社会」を作って、仮想社会実験をおこなったのである。

具体的なシミュレーションの概要は次の通りである。

まず、「エージェント」と呼ばれる単純な人工知能を、工場の規模を参考に２２００体作成する。このとき、エージェントには大きく分けると作業者と技術者とがいる。作業者は0〜1の間でランダムな数字を与えられる。これはランダムな大きさのアイデアを思いついているという擬制である。そして、技術者は作業者の10分の1の人数（２００人）しかいない代わりに、アイデアは平均すると作業者より10倍大きい、0〜10の間で思いつく。

フローチャートで表すと図15のようになる。

同時に、一定の決まりで資源という別の数字を配る。そして、エージェントは、それを周囲に相談し、自分より大きな資源を持つエージェントに自分のアイデアを託す。最終的に自分のアイデア実現に必要な資源が集まった時点でそれを具現化するのである。

図15　エージェントの行動アルゴリズム

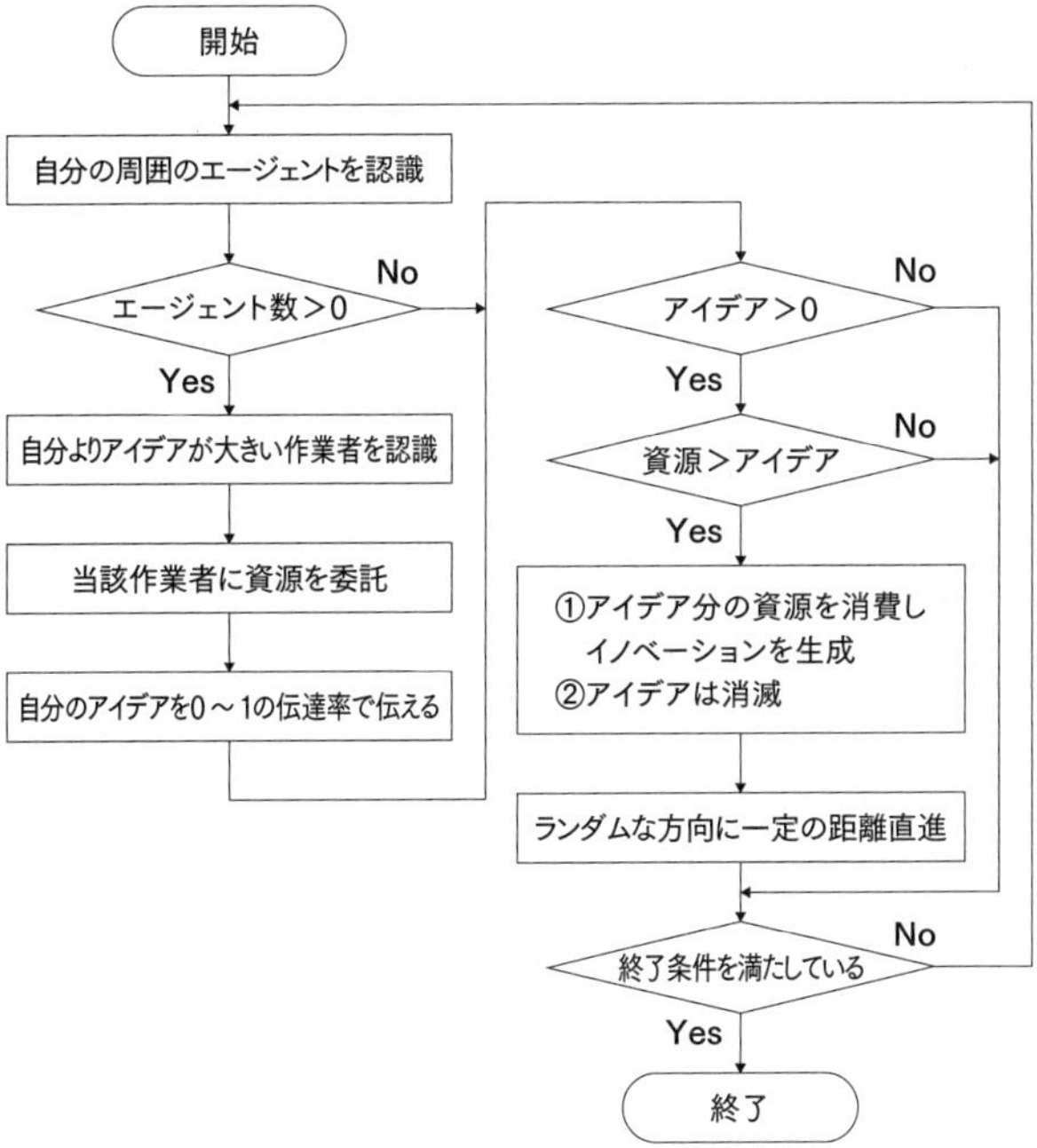

なお、資源は、本社の技術者に配られる場合も、現場の作業者に配られる場合もある。これは資源配分が集権的か分権的かという組織設計を模している。また、作業者ないし技術者に対して、全体の5%ほどのエージェントを「ランダムにかつ広範囲に移動させる」よう変更を加えることもある。

エージェント全体のたったの5%の、しかも行動形式のみを変える、というのがここでのポイントである。なお、これは比較事例研究におけるライン内スタッフのモデル化である。こうして複雑な問題解決をアイデアと資源のマッチングという単純なモデルで模しているわけである。

筆者が作成したこのシミュレーションのコードは、ハーバード大学のウェブサイトにおいて公開している（https://doi.org/10.7910/DVN/UN14B7, Harvard Dataverse, V1）。そのため、気になった方は、誰でもこのコードを使用して結果を確かめることができる。

さて、こうしてでき上がった人工社会において、人工知能同士のつながり方や資源の配分などを変化させてみる。これによって、結果が変化するかどうかを確かめていくわけである。

すると、図16から見て取れるように、やはり資源が本社技術者に集中的に配分されているか、現場作業者に集中的に配分されているかによって、前者では大規模なカイゼンが多く、

**図16　カイゼンに関する
マルチ・エージェント・シミュレーションの結果**

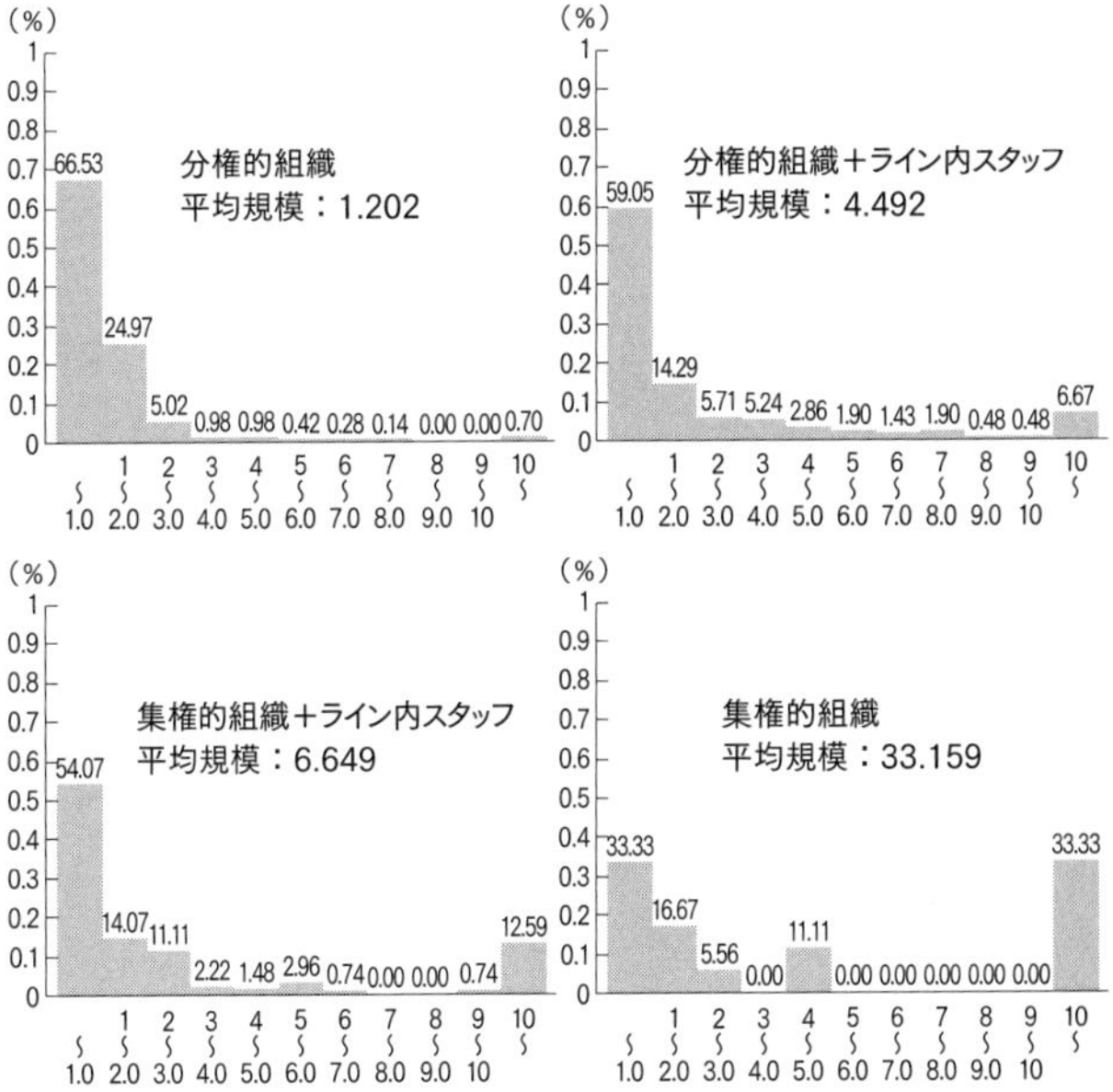

後者では小規模なカイゼンが多く見られた。これだけであれば、なかば当然の結果である。

より注目に値するのは、これらの状況において、全体の5%ほどの人員を本社と現場とを広くランダムに行き来する「ライン内スタッフ」として配置した場合であろう。そして、たとえライン内スタッフが資源を一切持たない場合でも、結果として生まれるカイゼンは技術者中心でも作業者中心でもないバランス型になっていたのである。

なお、本社と現場の距離を近づけたり、離したりすることによっても、最終的にその組織から生みだされるカイゼンには変化があった。

たとえ資源のすべてを本社の技術者が握っていた場合でも、本社と現場の距離が近いと小規模なカイゼンが中心となり、反対に現場と本社の距離が遠いと、大規模なカイゼンばかりになる。そして、その場合においても、ライン内スタッフ組織を採用すれば、常にそれらの結果の中間になったのである。そうだとすれば、ライン内スタッフを用いることの効果は、組織のつながり方を変化させることで、組織構成員同士の距離感を変化させていたことにあったともいえる。

こうして、シミュレーション・モデルにおいても、組織設計のいかんによって、そこから創出されるカイゼンの平均規模に影響があることが確かめられた。また、上記の発見にあたって、ネットワーク理論でいう「スモールワールド・ネットワーク」によってライン内スタッフ型組織を近似できることも分かった。

ここで重要なのは、カイゼンからイノベーションまでを、その経済効果の大きさや規模の大小によって分類される連続的なものとして扱っていることである。カイゼンからイノベーションまでの違いは、どれだけの大きさの資源とアイデアが出会ったかでしかない。そして、大きなアイデアはエージェント同士のアイデア交換によって創発的に生まれる。

潜在的な問題解決の連鎖モデルを非常に単純なシミュレーションで再現した場合においても、やはり実際の観察や理論的な考察と同様の結果が得られたわけである。

だとすれば、カイゼンの「問題解決の連鎖」モデルの説得力は現時点では高いといえるだろう。しかも、このモデルによって、これまでのカイゼンのマネジメント論が取りこぼしてきた実務的な示唆も得られる。

これについては、次節で取り扱う。

カイゼンは必然的に経営戦略となる

この研究はいったい何を主張しようとしていたのか。実務的にはどのような意味や示唆があるのだろうか。

一言でいえば、それは「現場のカイゼンは必然的に全社マネジメントである」という、一見すると矛盾しているようにもみえうる言明である。

言葉を補うならば次のようになるだろう。

カイゼンは他のイノベーションとは違った論理で、他のイノベーションと同じく潜在的には問題解決の連鎖を引き起こす。この連鎖をどこで断つかは経営判断が必要である。ただし、その経営判断には、少なくとも三つ以上の戦略と適合的な組織構造が存在する。しかも、こうした組織構造の設計は全社マネジメントレベルでしか扱えないものが含まれる。それゆえに、イノベーションとしてのカイゼンから十分な利益を得るには全社マネジメントの視点が必要である。

こうして**カイゼンは必然的にトップマネジメントが意思決定すべき経営戦略**となる。

これまで、現場のカイゼンは現場に任せればよいと考えられがちだったが、ここでの一連の研究によって、トップマネジメントが考えるべき技術戦略と組織設計という問題が明確化されたのである。経営トップは、現場に思い切って権限委譲するだけではダメで、現場から一歩離れたところで一度戦略的意思決定をおこなう必要がある。

それではそもそもなぜこうしたことがこれまで発見されなかったのか。あるいは、なぜこうしたことを発見するような問いが設定されてこなかったのだろうか。

すなわち、「カイゼンは本当にすべて小さく、各社で微細な差異しか生まれないのか」「カイゼンをおこなう組織形態は作業者とそのリーダーによる小集団に限られるのか」という疑問はなぜあまり問われてこなかったのだろうか、という疑問がわいてくる。

可能性としては、筆者自身の問題として、①そもそも問題設定が間違っているか、実務界・学界の問題として、②なんらかの要因によってこの問題が認識されづらかった、という二つがありうる。

筆者が用意している答えは、研究の制度化・パラダイム化によって後者の②的な状況が生まれてきたのではないか、というものである。

カイゼン研究をめぐるパラダイム化はなぜもたらされたのだろうか。

その理由は、カイゼン研究の開始当初（１９７０年代後半）の「研究開発一辺倒へのアンチテーゼとしての改善」といういわばマニフェストとしての位置づけと、近年の、特に海外での業績へのプレッシャーなどによる研究の標準化と比較可能性確保のためだと考える。

前者について、今井正明『ＫＡＩＺＥＮ』に代表されるように、当初は必ずしも学術としてのカイゼン研究ではなく、マニフェスト的な実務書がこの分野をけん引していた。

後者について、カイゼンの研究は世界的に見れば２０１０年以降爆発的に伸びているが、その研究を（計量分析がほぼ必須の）海外査読つき論文として学術雑誌に掲載させるには「何がカイゼンか」「カイゼンをいかに測定するか」という点について共通認識が存在する方が、都合が良かったという事情が存在する。

そのため、カイゼンの結果にもとづいて「それがカイゼンかどうか」を判定する定義の使い勝手がよく、それが次第に「カイゼンを小規模で現場のチームワーク重視の活動として限定的に捉える」という支配的な見方・規範へと結実したと考えられる（図17）。

科学哲学で有名なトーマス・クーンは、「パラダイム」という言葉を実験装置という意味から思考パターンという意味にいたるまで実に多様に用いているが、カイゼン研究においても、まさしく研究技術・装置としての計量への工夫が、カイゼンという現象の見え方さえも

図17　海外既存研究が対象にしていたカイゼン

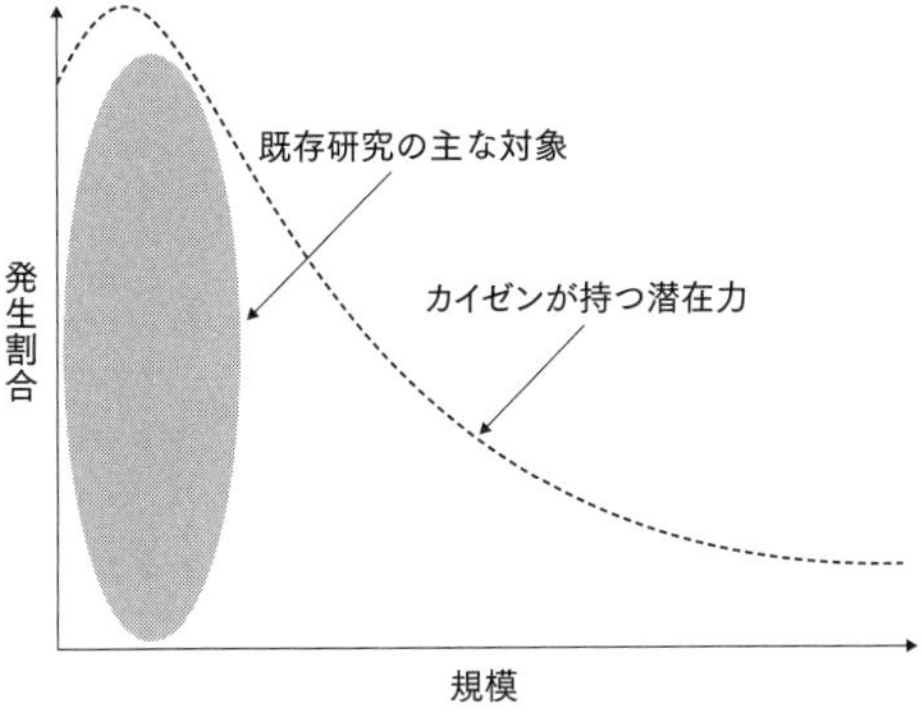

変えてしまった可能性がある。

このように、少なくとも可能性レベルでは、カイゼンというプロセスとイノベーションという結果は同一ではない。それにもかかわらず、結果にもとづいて「これは小さいのでカイゼンとして扱う」といった分類をおこなうことが、カイゼン研究がいわゆる通常科学になる段階で、一般化していったのだ。

ここで筆者は、カイゼンを潜在的な問題解決の連鎖としてとらえ直すコンセプトを提示した。このコンセプトには、日本の自動車産業の実態調査結果や、マルチ・エージェント・シミュレーションによる人工社会実験結果などが踏まえられている。これによって、カイゼンからこれまで以上の競争優位を引き出せると考える。

しかも、ここでのコンセプトをさらに進めていくことで、まったく新しいイノベーション・マネジメントのコンセプトを提示することもできるかもしれない。

カイゼンを超えて、すべてのイノベーションのマネジメントに有効な視点も得られるかもしれないのだ。

カイゼン・イノベーションというコンセプト

カイゼンは問題解決の連鎖を生みだし、ときに大規模なイノベーションに変化することがある。

ただし、こうした問題解決の連鎖はあくまで潜在的なものである。だからこそ、潜在的な問題解決の連鎖のうちでどこまでを扱いたいのか、トップマネジメントが決定したうえで、そこに適合した組織を設計する必要がある。

こうした発見を一歩進めると、カイゼンとイノベーションを地続きのものとしてマネジメントする「カイゼン・イノベーション」というコンセプトを提案することができるかもしれない。

すなわち、「問題解決の連鎖としてのカイゼン」というコンセプトをイノベーション一般にまで拡大し、若干持って回った言い方をすれば「問題解決の連鎖としての（一段階目の）イノベーションの連鎖としての（多段階目の）イノベーション」という考え方である。おそらくこの説明では伝わりづらいだろう。

以後、くわしく述べていく。

すなわち、カイゼン・イノベーションとは、カイゼンに限らずイノベーション一般が持つ「潜在的な問題解決の連鎖」という特性をもとに企業経営をおこなう考え方である。その結果として、イノベーション同士を連鎖させて、大規模イノベーションを実現する考え方ともいえる。

その上で、企業ごとの事情に合わせて、企業が引き起こすイノベーションの連鎖をどこまで引き出すかを決定する。しかも、そうした決定の際に考慮すべきリスクやコストも事前にある程度は予測される。

たとえば、大規模なイノベーションを誘発させたいという企業であれば、資源を本社技術者に集中させ、現場がイノベーションの実現のために本社技術者がもつ資源を獲得しにくる状況を作り出す必要がある。この場合、現場からの資源獲得交渉を通じて、本社には「どこで、どんなイノベーションの種が生まれているか」についての情報が集まる。そして、こうして集まった情報をもとに、相互作用がありそうなものをまとめて大きなプロジェクトにして資源を配分するのである。

ただし、こうしたマネジメントにおいては、1プロジェクトに対して比較的大規模な投資が必要になり、過剰投資のリスク・ボラティリティは増すだろうと考えられる。

これに対して、小規模なイノベーションを頻発させ、その蓄積によって着実に利益を出したいという企業には、別のマネジメントが必要になる。この状況においては、はじめから現場のボトムレベルに資源を配付して、イノベーションをあまり連鎖させないようにするとよい。そうして、1プロジェクトあたりの投資額をおさえ、まずは小さなプロジェクトとしての成果を検証し、その後にイノベーション同士を連鎖させる。

このマネジメント法においては、1プロジェクトあたりの投資額が小さく、リスクやボラティリティは小さい。その代わりに、より大きなプロジェクトにしていたら得られたであろう機会損失が生じる可能性もある。

これを図示すると表1になる。

それ以外にも、ライン内スタッフ組織のように、小規模から大規模まで社内外にどんなイ

**図18　カイゼンの連鎖によって起こる
自動車設計におけるイノベーションの一例**

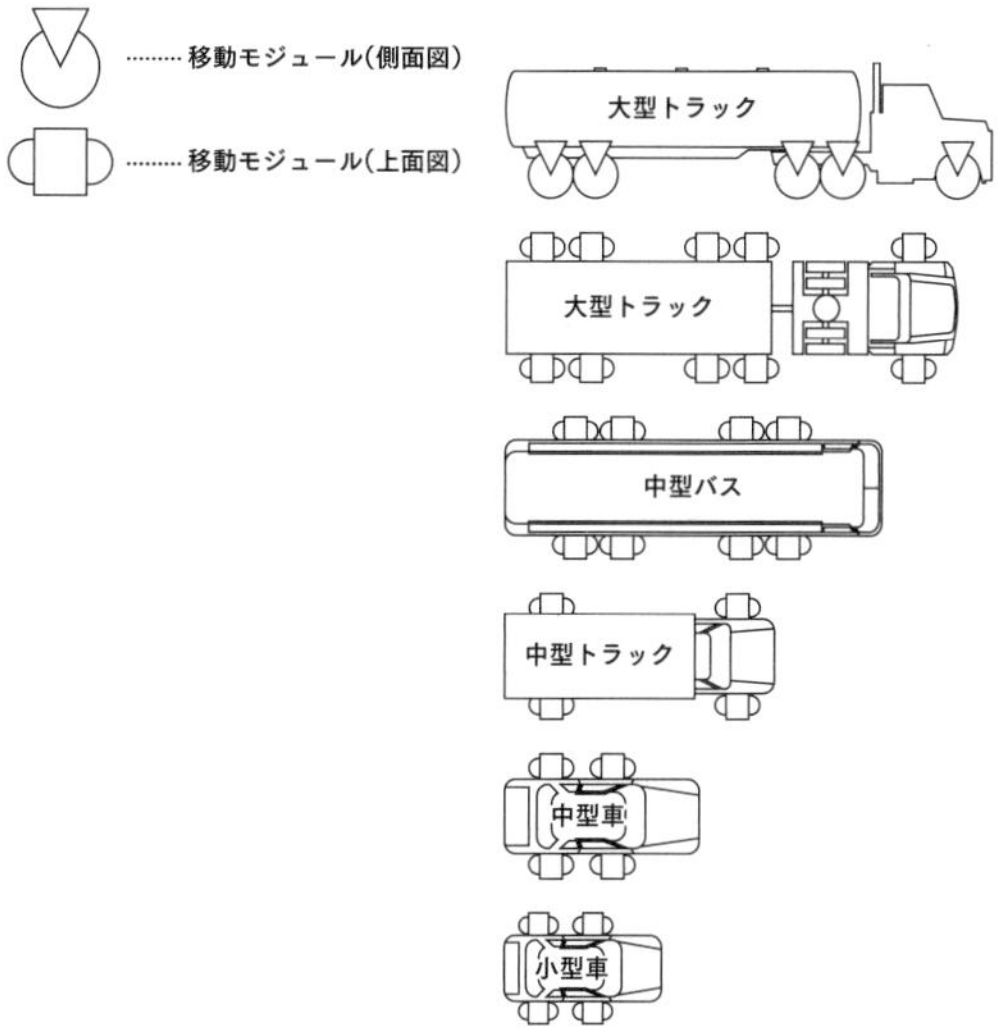

た。そこでこの部門は、レアジョブに似た英会話サービスを開発中であった。同時に、この企業のアプリ開発部門では、ウーバーのようなプラットフォームを構築したいと考えて、マッチングのアルゴリズムを開発していた。

　すると、これらが連鎖すると、空き時間ができた外国人が、同じく空き時間に英会話を練習したい人とマッチングして、近くの喫茶店で英会話を楽しむという「英会話版ウーバー」のようなものができるかもしれない。もちろん、現実には法規制もあり、また利用者間のトラブルも予想されるので実現は難しいと考えられるが、少なくとも思考実験としてはありうるビジネスモデルである。

このように、新製品開発やビジネスモデル開発など、さまざまな場面においてカイゼン・イノベーションは活用できる。

そして、カイゼン・イノベーションは、カイゼン活動の地道な調査研究とコンピュータ・シミュレーションによる研究の結果を流用できるのである。もちろん、製品開発やビジネスモデル開発、医薬品やバイオの開発など、分野ごとに特殊な状況も研究していくべきではある。とはいえ、一つの幹としてカイゼン・イノベーションは将来性を持っていると考えられるだろう。

それどころか、カイゼン・イノベーションは、次節にくわしく述べるように、これまでのイノベーション・マネジメントを根本から変えてしまうかもしれない。

イノベーション「それ自体」のマネジメントへ

これまで、**イノベーション・マネジメントは、ヒトやモノやカネや情報といった「イノベーシ**

ョンの外にあるもの」に着目することが多かった。技術や知識に着目した研究も同様である。

たとえば、イノベーションを引き起こすための組織の形に着目して「重量級プロダクトマネジャー」というリーダーシップ形態が提案されたり、組織内外をつなぐ「技術的ゲートキーパー」に着目したりという具合である。あるいは、特許技術同士の引用・被引用関係に着目することもある。組織内のイノベーションを売って組織外から別のイノベーションの種を買うという「オープン・イノベーション」の場合は、カネの動きに着目しているわけである。

もちろん、野中郁次郎『知識創造の経営』（日本経済新聞社）や原田勉『知識転換の経営学』（東洋経済新報社）のように、ヒトやカネといった目に見えやすいもののマネジメントから、知識のような目に見えにくいもののマネジメントへと発想を転換している著作もある。

しかし、それらにしても「イノベーションそれ自体」ではなく、それにきわめて近いがそれでもイノベーションの外部にある知識に着目している。

すなわち、これまでのイノベーションに関する理論は、イノベーションをマネジメントするために、ヒトやカネや技術や知識をマネジメントするという、いわば「間接的な」マネジメントがおこなわれていたわけである。

しかし、カイゼン・イノベーションの考え方を応用すれば、発想を転換して「イノベーションそれ自体」を起点にした視点からのマネジメントも可能になるかもしれない。これまでのイノベーション・マネジメント理論は、いわばヒトやモノやカネや情報や知識を通じて、それらの立ち位置から、イノベーションをみていた。それを、逆転の発想で、イノベーションそれ自体に着目して、イノベーションそれ自体を通じて、イノベーションの立ち位置から、ヒトやモノやカネや情報や知識をみるのである。

たとえば、**イノベーションは、あるときにはヒトの頭の中にある。**それが、別のヒトの頭に移動して連鎖を起こす。そして、連鎖後のイノベーションはカネやモノを求めてさまよう。それらが出会えば実際に新製品やサービスとして具現化される。それがさらに市場で自己を評価してくれる顧客を探し回る……。

こうしたプロセスの中に、イノベーションの連鎖を阻害する要素や、イノベーションの滞留と渋滞、ヒトの滞留と渋滞、同様にカネ・モノ・情報・知識などの滞留と渋滞がある。この滞留と渋滞をなくしていくことで、イノベーションは起きやすくなる。もちろん、社会的に望ましくないイノベーションもあるため、そうした場合にはあえて滞留と渋滞を引き起こすよう設計する。

こうした視点から、首尾一貫した理論が作れるのではないかと考える。

しかも、これは筆者の独りよがりな妄想というわけでもない。

イノベーションそれ自体に着目して、イノベーションがヒトの頭に乗っかったまま別の企業や別の国に逃げていくという状況は、清水洋『野生化するイノベーション』（新潮社）でも描かれている。自由の国アメリカに、ナチスからの亡命者がさまざまなイノベーションを持ち込んだことは、指摘されれば誰でも気がつくことだろう。

このような「イノベーションそれ自体のマネジメント」は、その適用範囲の大きさから、企業レベルの経営戦略にも、国家レベルの産業政策にも、同様に使用できる可能性のある理論であると考える。

そして、ヒトやモノや情報といったものの流れと滞留に着目した研究を蓄積しているのは日本の「ものづくり経営学」である。だからこそ、日本発の理論を提案できるのではないかと、筆者は考えている。

実際に、筆者は人工社会技術を用いて、こうした研究に取り組み始めている。

少し専門的になってしまうが、節を改めて説明する。

ありきたりな個人の卓越した組織：情報の滞留モデル

ここでは、「イノベーションそれ自体のマネジメント」を、マルチ・エージェント・シミュレーション技術でモデル化した例を紹介する。

ただし、イノベーションそれ自体のマネジメントは、まだ構想段階であり、シミュレーションも試作的・探索的である点に注意が必要である。シミュレーションと理論との整合性も、いまだ十分に検討できていない。ここで重要なのは、イノベーションそれ自体のマネジメントは、現時点でも多少なりともモデル化等ができるコンセプトだということである。

前提として、イノベーションが起きやすい国・組織とそうでない国・組織があるという指摘がなされることがある。このとき、イノベーションの創発と国ごとの制度的条件との関係を考察した一連の研究は、ナショナル・イノベーション・システム論という経済学の一分野をなしている。また、組織とイノベーションの関係は、経営学の一分野であるイノベーション・マネジメント論の文脈で研究されてきている。

ただし、これらのどちらも、結局のところイノベーションが起きる条件を完全に明らかにしていないとはいえない。その一因として、ナショナル・イノベーション・システム論はミクロな個人行動の説明を不得意とし、反対にイノベーション・マネジメント論は組織と社会全体のマクロな考察は少ないという理由が挙げられるだろう。

こうした状況に対して、イノベーションそれ自体のマネジメント論は、経済学・経営学どちらにも適用できる「イノベーションが起こりやすい組織・経済・社会の在り方・人間の在り方」について示唆を与えてくれる。

出発点は、カイゼン・イノベーションである。

カイゼン・イノベーション同様に、**イノベーションの種であるアイデアと資源との出会い方をシミュレーションしてみる**のである。イノベーションの種と資源の出会い方のマネジメント、その結合経路のマネジメントととらえることもできるかもしれない。

ここでは、エージェントは１種類のみであり、１種類の同じ行動原理を持った人工知能を多数複製する。ただし、これらのエージェントはアイデアか資源かのどちらかしか持たない。すなわち、このエージェントは、ランダムな大きさのアイデアを思いつくか、ランダムな大きさの資源を持つかのいずれかである。

いわばアイデアマンと資産家・投資家が散在するようなモデルである。

そして、個々のエージェントが資源を持つかアイデアを持つかは、２分の１の確率でランダムに定まるとする。

各エージェントは、アイデアを周囲のエージェントと比べ、自分より大きなアイデアを持った者がいると、そのアイデアを委託し、自分のアイデアはその時点で失くす。これは企業家・起業家・発明家が他の人間に相談したり、次世代にアイデアを託したり、逆にこれまでの先人の知恵を参考にして発明をおこなったり、といった状況を単純化している。

資源は、まずは周囲にアイデアを持った人間がいればその人間に与える。ただし、周囲にアイデアを持った人間が誰もいない場合は、周囲のうちから優れた資源を持った人間に委託する。起業家への投資をおこなうか、さもなければ銀行にお金を預けるといったモデルである。ここでは「富がさらなる富を生む」という状況をも考慮している。

シミュレーションでは、エージェントの人数、資源を持つ資産家とアイデアマンとの初期配置距離、エージェントのフットワークの軽さ、視野の広さ、シミュレーションの試行時間といった項目を用意して、これらの項目の数値を変化させることで実験をおこなった。

結果は次の通りである。

はじめに、すべての人間のフットワークと視野が狭い場合である。ムラ社会型と名づけることができるだろう。

ムラ社会型のシミュレーションでは、小さなイノベーションが1回起きたのみであった。ムラ社会では、イノベーションはほとんど起きない上に、たとえイノベーションが起きたとしても小さなイノベーションにすぎないという、踏んだり蹴ったりの状況におちいる。

そこで資産家とアイデアマンの初期配置を近づけてみる。気軽に起業できるという意味で、ひとまずリーン・スタートアップ型と名づけてみる。

すると、小さなイノベーションが大量発生し、資源とアイデアの消費効率は高くなる。ただし、小規模なイノベーションが多数発生するのみで、大規模イノベーションに結実する前に資源を使い果たしてしまうことが分かる。

次に、すべての人間のフットワークと視野を10倍にしてみる。視野もフットワークも優れた天才たちが集まる梁山泊《りょうざんぱく》型と名づける。このときには、初期は小さなイノベーションが数回起き、時間が経ったのちに大きなイノベーションが数回起きた。

それでは、すべての人間の、視野かフットワークか、どちらかのみ優れていた場合はどうだろうか。

まずは、視野のみ優れている場合である。これは先人や周囲をよくよく調べてアイデアを吟味するという意味で、科学者集団型と名づける。このとき、試行ステップ数３００回の中で、イノベーションは創出されなかった。

同じく、すべての人間のフットワークのみが優れている場合である。起業サークル型と名づけよう。このとき当初から大量のイノベーションが起きるが、どれも粒は比較的小さくなる。リーン・スタートアップ型と結果は似ている。

それでは、科学者集団型や起業サークル型に、それぞれ視野とフットワークが優れた天才「フィクサー」を何%か紛れ込ませたら、どうなるだろうか。結果は、科学者集団型にフィクサーが加わると、一気にイノベーションが起こりやすくなる。

こうした結果をまとめたものが表２である。

シミュレーションの結果から、人間同士のマインド（フットワークと視野）は確かにイノベーションの創出に影響するものの、その影響には種類があり良し悪しは場合によること、それぞれの弱点も人間同士のつながり方や制度によって克服できるかもしれないこと、などが議論できるかもしれない。

まず、当然ながら、すべての人間の視野とフットワークが優れている「梁山泊型」の場合、短時間でイノベーションが起きるうえ、平均規模も大きい。しかし、フットワークのみが軽

表2　イノベーション「そのもの」のマネジメントに関するシミュレーション結果

	平均規模ランキング	発生総量ランキング
1位	梁山泊型	梁山泊型、科学者集団型＋高信頼フィクサー、起業サークル型＋高信頼フィクサー
2位	科学者集団型＋高信頼フィクサー	
3位	起業サークル型＋高信頼フィクサー	
4位	科学者集団型＋低信頼フィクサー	リーン・スタートアップ型
5位	ムラ社会型	起業サークル型＋低信頼フィクサー
6位	起業サークル型＋低信頼フィクサー	起業サークル型
7位	起業サークル型	科学者集団型＋低信頼フィクサー
8位	リーン・スタートアップ型	ムラ社会型

※科学者集団型はシミュレーション中でのイノベーション発生数がゼロのためカウントしない。

い「起業サークル型」では、なかなかイノベーションが起きない上、仮にイノベーションが起きても、その平均規模は小さい。

　また、視野のみが優れている「科学者集団型」の場合、イノベーションは長期にわたって起こらない。すなわち、視野とフットワークの片方のみが優れている組織ないし社会ではダメで、両者がそろって初めて意味がある。

　視野かフットワークの片方のみでは不十分な理由はなんだろうか。

　まず、起業サークル型のように、すべての人間のフットワークが軽いと、資源を持った者とアイデアを持った者との「すれ違い」が起きると考えられる。特にアイデアや資源がそれぞれ別個に少数の人間に集まる試行後半になると、少数の人間同士が相対的に広大な空間で出会う必要がある。このとき、エージェントのフットワークが軽い場合、せっかく出会うかに思われた二者がそれぞれ微妙に異なった方角を向いているせいで、あっという間に互いの距離が開いてしまうという状況がありうる。

次に、科学者集団型では、イノベーションが一切起こらなかったが、これには理由がある。それは、視野が広いがゆえに、自己のアイデアや資源を他の多くの人間と比べあってしまい、自分より優れた人間を見つけやすいためである。これにより、アイデア・資源は特定の1名ないし2名にあっという間に集中してしまう。

それにもかかわらず、これらが出会うにも、フットワークが重いために、時間がかかってしまうのである。そのため、科学者集団型は「非常に大きなイノベーションを1回生みだす」という特性を持つ。実際に、1万回試行を繰り返すと、規模100を超えるイノベーションが起きた。

次に、資産家とアイデアマンの距離が近いリーン・スタートアップ型である。通常、こうした「起業しやすい環境づくり」はイノベーション創出に好ましいとされるが、そうした結論には一定の留保が必要だろう。

まず、資産家とアイデアマンの距離は極限まで近づけた方が、一定期間でのイノベーションの総発生量は多くなる。しかし、その場合に起きるのは小さなイノベーションばかりである。

小さなイノベーションを実現するために資源とアイデアが使い果たされる、いわば「悪貨は良貨を駆逐する」という「イノベーションにおけるグレシャムの法則」が発生するのである。

こうして考えると、ムラ社会型もイノベーションが生まれにくいが、それでも大きなイノベーションが生まれる余地はある。ムラ社会の中でアイデアまたは資源を徐々に集め、時間はかかるが大きなイノベーションが起きる場合もあるのである。世間知らずだからこそ、簡単に小さなイノベーションで満足しないという、「井の中の蛙の効用」のようなものがみられるのである。

最後に、これまで述べた社会において、視野とフットワークが両方優れた人間を数％存在させるだけで、イノベーション創発に正の影響を持つことが分かった。このとき、こうした「フィクサー」は、他の人間と同様の行動でも効果を持つが、信頼度が１００％になると、この効果は非常に高まり、「梁山泊型」に引けを取らなくなる。

このように、資源とアイデアの流れのマネジメントは、人間のネットワーク設計という視点を与える。

資源とアイデア（情報）の滞留と渋滞の解消という、生産管理論とイノベーション・マネジメント論の接合による研究は、以下の結論を引き出す。

すなわち、イノベーションが起きやすい社会・組織に正解はないかもしれないが、一定のイノベーション政策・戦略に合わせて採るべき制度は提示できる。実現不可能に見えるが万能な梁山泊型、そして社会全体の一部を変えることで可能で梁山泊型に匹敵する高信頼フィクサー型などである。

また、リーン・スタートアップ型は、効率はいいが、小さなイノベーションに偏ってしまう。起業サークル型は当初はイノベーションが頻発するが、大きなイノベーションとなると、なかなか資産家とアイデアマンとが出会えない。科学者集団型では大きなイノベーションが起きる可能性はあるが、遅々として進まない、ムラ社会型にも一定の条件下ではいいところがある、といった考察も可能であろう。

第5章のまとめ

日本の経営技術にもとづいたコンセプト、そしてその先にある理論を、日本から世界に向けて発信することもできる。

これがこの第5章の大きなテーマであった。

そこで、ここでは一例として、日本のお家芸ともいえるカイゼン研究を取り上げ、最新シミュレーション技術と「コンセプト化」の力によって、カイゼンからこれまで以上の競争優位を得ることができる可能性を示した。このようにして、日本発の経営技術のコンセプトやフレームワークも生まれうると論じた。

カイゼン活動はプロセスであり結果ではない。

それにもかかわらず、まるでカイゼンの結果は当然にインクリメンタル・イノベーション（のうち生産工程のみに関わり、作業者が中心的に取り組む、特に小さいもの）とされてきた。

この点について筆者の研究は再考を促した。

そして、実際にはカイゼンにも問題解決の潜在的連鎖という特徴があり、ときには製品設計を変更したり、組織のさまざまな部門を巻き込んだり、そうした結果として大規模になったりすることもあると指摘した。さらに、それらをどこまで発現させるかは経営が決定すべきことであり、そこには適合的な組織構造が存在したのである。

こうした研究は、探索と活用の「両利きの経営」や、産業において生産性向上に重点が置かれるようになると産業そのものを大きく変化させるイノベーションが生まれづらくなるという「生産性のジレンマ」などのアメリカの有力理論にも、一部修正を求める力を持つかもしれない。

たとえば、そもそも探索と活用は綺麗に切り分けられないのではないか、インクリメンタルに見えるイノベーションの連鎖によってラディカルなイノベーションが生まれて産業が脱成熟することもあるのではないか、といった議論が可能となるためである。

さらに、カイゼンについての研究を進めていくことで、イノベーション一般に適用できる「カイゼン・イノベーション」というコンセプトを提案することもできると述べた。

これは、イノベーションを引き起こすまでの問題解決同士、そして実現されたイノベーション同士の「連鎖」に注目するものである。

そして、カイゼン・イノベーションの考え方を進めていくと、「イノベーションそれ自体のマネジメント」という理論へと結実するかもしれない。しかも、このイノベーションそれ自体のマネジメントは、モノや情報の滞留のマネジメント手法を考案してきた日本の経営技術や日本発の「ものづくり経営学」とも融和性が高い。

　こうして、カイゼンに着目して、経営技術からコンセプトへ、コンセプトから理論へ、理論から経営「学」へという発展経路を描いてきた。

　ただし、ここでの議論は筆者の主たる研究分野であるカイゼンに限ったものであった。

　これは、本書が主張する「経営技術の逆輸入」からの脱却に、まずは筆者自身が取り組んでみる必要があると考えたためであった。ただし、本書が目指す経営技術の逆輸入からの脱却、そしてその先にある「日本〝式〟経営の逆襲」は、何もカイゼン研究に限られた話ではない。生産だけではなく人事やマーケティングなどにおいても、日本には優れた経営技術がある。

　そこで続く最終章では、カイゼン研究から離れて、より大きな視野で、経営技術のコンセプト化とその先にある日本発の経営理論や学問体系確立の可能性について考えていくことにする。

第5章への補足：バブル期の「財テク」失敗の本質

同じ会社から「ウチの会社にはカネはあっても、アイデアがなくて……」という嘆きと、「ウチの会社にはアイデアがあるのに、カネがなくて……」という**正反対の悩みが同時にきかれる**ことがある。もちろん、実際のセリフは「うちの現場は新しいことをやりたがらなくて……」とか「うちの本社は新しいことをやらせてくれなくて……」だったりするが、本質的には同じことだ。

実は、これこそが**日本企業がイノベーションを生み出せなくなった病理を端的に表している**症状である。

筆者のカイゼン・イノベーションの考え方をさらに抽象化したコンセプトである「資源とアイデアの滞留理論」は、イノベーションが発生する条件を「**新しいアイデアと、そのアイデアを実現するのに十分な資源が出会い、結合すること**」とした。これによって、イノベーションを組織や社会で実際にどのようにマネジメントすれば良いかについて、明確な指針が得られると考えたためである。

つまり、イノベーションが起きないのはアイデアがないからでも、資源がないからでもない。**それらの二つが出会わない構造こそが問題**だ、というわけである。これは、昨今の日本においてイノベーションが起こらない理由を、日本人の創造性のなさに求めるような安直だが一般に流布する見解を否定するものである。

このとき、資源とアイデアの滞留理論からは、近年の日本においてイノベーションが生まれなくなった理由も、それへの対策も、明確になる。この理論は、①バブル期前後の日本企業の停滞の原因を説明できる、②イノベーション・マネジメントに非常に有効である、という二つの特性を持つのだ。

一点目について、1985年のプラザ合意以降、円は国際的に非常に強くなった。このことは、貿易立国日本の基盤を壊したと同時に、投資では儲かりやすい状況を作った。これだけであれば、経営における円高デメリットと投資における円高メリットは相殺されるように思える。しかし、この、**投資で儲かりやすい状況が、イノベーションの阻害という副作用を生んだ**のである。

その理由は、円が強くなりすぎると、**本社（の典型的には財務部）にカネを集めて、日本国債や外国債を買うのが、短期的にはノーリスクかつハイリターンの魅力的な経営施策になってしま**

うからだ（同様に、海外直接投資も海外企業の買収も有利となってしまう）。

この状況下では、社内のアイデアに投資するのは、ノーリスクで円の価値が二倍、三倍（さらに国債金利分も追加される）と上がっていくことと比べるとハイリスクかつローリターンにみえてしまう。

そのため、円高下にあった日本企業の本社は、カネをかき集めて、そのカネで典型的には日本国債や外国債を買う、あるいは変化球として土地を買う、株を買う、海外拠点を買う……という形で、**カネという資源を組織の外に出してしまった**のである。これが「**財テク**」**ブームの正体**だった。

こうして、**組織内のヒトが生み出すアイデアと、組織内のカネという資源が出会わなくなった。**アイデアと資源が出会わないからイノベーションも生まれなくなったというわけである。全く同じ論理が、日本中のカネを集めて海外への投資を進めてきた近年の日本社会の失敗にも適用できるだろう。

二点目について、資源とアイデアの滞留理論を意識すれば、気合と根性だけではないイノベーション・マネジメントが可能になる。

すなわち、**資源とアイデアが滞留している場所を特定し、それらを出会わせればよい**のである。

もちろん、あえて資源とアイデアを出会わせず、大きなアイデアになるまで育てるといったことも可能だ。このあたりは、本文のシミュレーションを参考にして頂きたい。

資源とアイデアの滞留理論は、多くの人が持つ率直な疑問に明快に答えを出せる。たとえば「なぜベンチャー企業がイノベーションに強いのか？」について考えてみよう。これは、ベンチャー企業は一般的に企業規模・従業員数が小さく、社長がすべての従業員を把握できるがゆえに、そもそも資源とアイデアが滞留する場所が少ないためだと説明できる。

同じ論理で、一時期は綺羅星のようにみえたベンチャー企業が、規模が大きくなるにつれて資源とアイデアが出会いづらくなり、イノベーションを生めなくなり、輝きを失うこともまた説明できる。

さらに、「同じ業界に属する同じように伝統的な大企業の間でイノベーションに差が出るのはなぜか？」という疑問にも資源とアイデアの滞留理論で答えが出せる。それは、**たとえ同じ人数の組織であっても、ヒトとヒトのつながりやすさには、①組織構造、②組織構成員の行動という二段階で差異が生まれる**からだ。このうち①については、図示することで簡単に理解できよう（図19）。

この図からも分かる通り、同じ5人からなる組織であっても、**組織の形を変えることで繋が**

図19　組織の形と繋がりやすさ

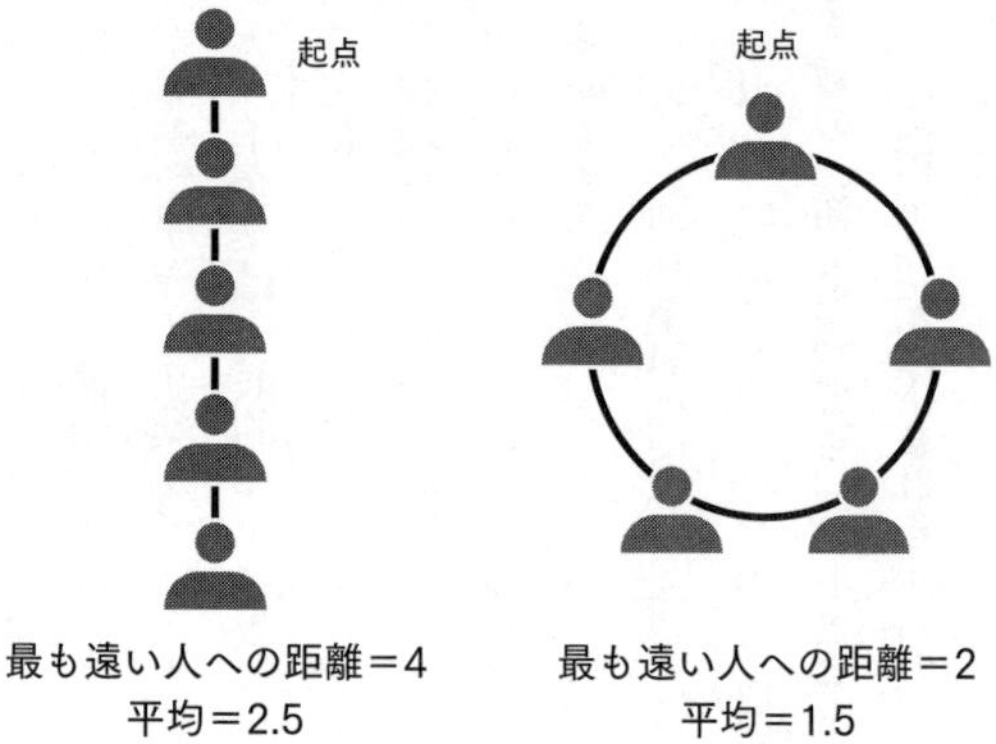

りやすさはいくらでも変化するのである。もちろん、この図は説明のためにあえて円環型の組織と線状型の組織を取り上げている。実際には、各企業で理想の組織の形を追求していく必要があることは言うまでもない。

次に、②の組織構成員の行動については、本書全体の議論とも深く関係しており、①よりも本質的な議論が必要となるため、最終章への補足の紙幅をすべて用いて別途解説する。

6

コンセプト化とグローバル競争の先にある未来

第６章の要約

- 経営技術をめぐるグローバル競争において、日本は、抽象化・論理モデル化の力をつかって経営技術をコンセプトとしてまとめる点に、弱点があった。
- これまでの日本企業は、文脈に依存した緊密なコミュニケーションを強みとしてきたため、その対極にある抽象化・論理モデル化を相対的に苦手としてきた。
- 抽象化・論理モデル化によるコンセプト提案の先にあるものは、そうした論理的な議論が積み重なっていき、大きな理論体系や学問領域ができ上がることである。
- 日本は、経営一般を統一的に論じる理論を、日本の経営技術にもとづいて構築・発信できる潜在的な可能性を秘めている。
- 経営戦略論的には、ある産業や業界の成長率が高ければ、そこでの競争状況は流動的になる。このとき、経営技術・コンセプトの市場の成長率は高く、いまだ競争状況は流動的で、リーダーたるアメリカの位置は今後変わっていくかもしれない。
- それゆえに、日本発の経営技術・コンセプトが世界市場で逆転できる可能性は、まだ存在すると考えられる。
- こうして、日本が経営技術の逆輸入的状況を脱却し、経営成績・経営技術・経営学すべての意味で、日本が世界をもう一度席巻したとき、真の意味で「日本〝式〟経営の逆襲」が達成される。

用語解説

経営技術のグローバル競争：世界中の企業や研究者等が、自国の内外から優れた経営技術を発見し、それをコンセプト化してさまざまな利益を得ようと競争している状況。

経営理論：経営技術のコンセプト化から一歩進んで、論理モデルにもとづくコンセプトが相当数積み重なり、その検証も随時おこなわれるまで発展した段階にある、経営に関する知識の体系。

学問領域：あるコンセプトが理論といえるまでに発展した先に、論理モデルとその検証とが一定以上蓄積され、共通の問題意識と分野知識を持つ研究者の団体ができ上がるまでに至った段階にある、知識の体系。

日本〝式〟経営の逆襲：日本の経営技術を出発点に、経営コンセプトから経営理論、経営理論から新たな経営学領域にまで発展する中で、日本の経営技術・経営成績・経営学のすべてが世界から再評価されること。

本書では、ここまで、経営技術をめぐるグローバル競争という現状を出発点に、日本の産官学が認識すべき「経営技術の逆輸入」という状況を説明してきた。

日本企業は、世界に先駆ける経営技術を数多く生みだしてきた。一方で、経営実務の中から生まれた経営技術をコンセプト化し、サービスやシステムとしてパッケージにして海外を含む他社に売りこむという点では、アメリカをはじめとする諸外国に後れをとってきた。

すなわち、**日本は経営技術のコンセプト化に負けてきた**のだ。

そして、日本が経営技術のコンセプト化に負けてきた理由は、コンセプト化が持つ競争上の意義に気がついていなかったことと、抽象化・論理モデル化した議論への「組織としての慣れ」が十分でなかったことにあると述べた。コンセプト化に負けたということは、抽象化・論理モデル化に負けたということだったのである。

それではなぜ日本は抽象化・論理モデル化に弱かったのだろうか。

その答えの一端は、日本の強みそのものにあった。

これまで**日本企業は社内での濃密な人間関係を土台とした緊密なコミュニケーションによって競争優位を得てきた**。それは、日本という国が、文化的・言語的にも比較的均一だという特徴を持っていたことも影響しているだろう。これは、移民が多く世界中から従業員が集まるアメリカをはじめとした海外企業とは対照的である。

そして、こうした文脈に深く依存したコミュニケーションが可能な環境の中で、そうした環境にない海外に比べると、抽象化・論理モデル化によって誰でも分かる形にする力をつける機会に乏しかったといえるだろう。

もちろん、日本発の経営技術のコンセプト化が不可能なわけではない。実際に、知識創造理論をはじめとして、日本発の経営コンセプトが世界を席巻した前例もある。本書においても、ささやかながら、カイゼンという日本の十八番とされる経営技術を例に、日本発のコンセプト化の提案をおこなった。

ただし、こうしたコンセプトは、ただ単に一時のブームになっただけでは発展性がない。日本発のコンセプトをもとにして、世界中で新たな議論が喚起され、それに対してまた日本からも理論的・実証的・実践的な貢献ができるという循環が理想である。こうした循環が起これば、日本にとっても世界にとってもメリットがあるだろう。その意味では、コンセプトはやがて理論や学問領域として発展していく必要がある。

こうした問題意識の上に立って、最終章となるこの第6章では、日本発のコンセプトがやがて理論や学問領域にまで発展していくにはどうすればよいのか、について考えていく。

すなわち、本章では前章までよりも一段と視野の広い、視座の高い、議論をおこなうのである。もしかすると、ここでの議論を日々のビジネスに活かすという意味では、視野が広すぎて意味がないと思われる方もいらっしゃるかもしれない。

しかしここでの議論は、**経営技術をめぐる、今後の日本の産官学のあり方を考える材料として不可欠**である。そのため、しばしおつき合いいただきたい。

実践的な経営技術からコンセプトへ、コンセプトから理論へ、理論から学問領域へと発展していく中で、日本だからできること、日本にしかできないことはある。

少なくとも、筆者はそのように考えている。

ここで、本書における第6章の位置づけを図式化すると図20のようになるだろう。

まず、本書はこれまで、日本は経営技術そのものでは必ずしも負けてばかりではないこと、その一方で「経営技術のコンセプト化」においては日本が諸外国に負け続けてきたことを指摘した。その上で、コンセプト化のメリットについて説明し、「経営技術をめぐるグローバル競争時代」における日本の産官学の指針を示した。

このとき、コンセプト化とは知識の抽象度を高めることに他ならなかった。そして、この抽象度をコンセプトよりもさらに高めていき、そこにさまざまな抽象的な知識が積み重なる

図20　本書における第6章の位置づけ

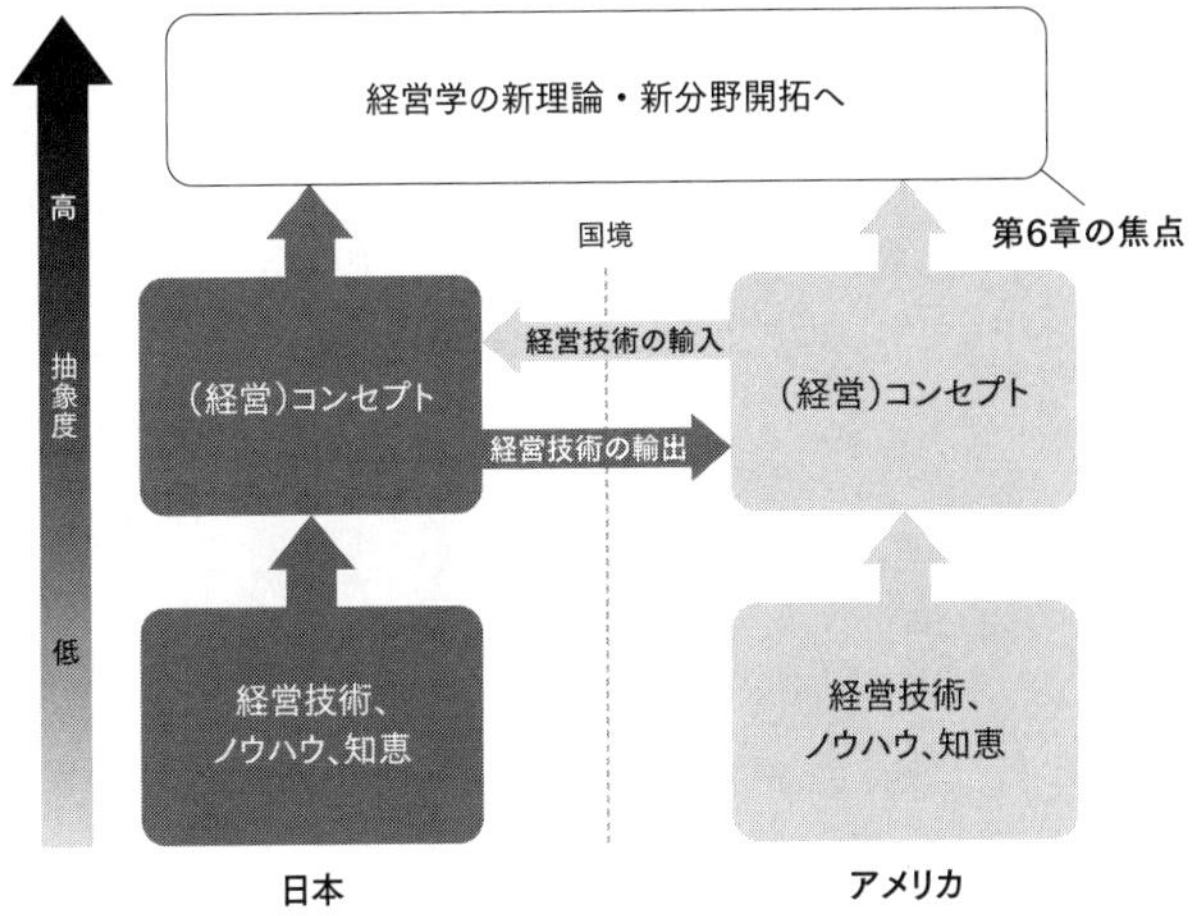

ことで、コンセプトはやがて一つの理論分野や学問領域にまで発展するのである。それによって日本企業および日本社会、それどころか世界中の企業および社会が、恩恵を受けることになる。

　このように、コンセプト化の先にある未来についてラフなスケッチをおこなうのが本章の目的なのである。

コンセプトから理論へ

経営技術は、抽象化され、論理モデル化されることでコンセプトとなる。

　そして、経営技術は、コンセプトに変化する段階において、職場や企業の文脈に深く根差した知識から、より一般的に利用できる知識へと昇華される。このとき、知識は、一般化されることによって、人間の集団の中での議論や考察の対象となりやすくなり、さらなる知識の蓄積も進みやすい。

　このことを示すために、前述とは反対の状況を想定してみると分かりやすいだろう。**ある知識が文脈に深く依存したものである場合には、誰かが論理的な反論や論理の不備の指摘をしたとしても、「この会社の文脈ではこれで正しいのだ」とひらき直ることができる。**文脈に依存した知識は「事情は人それぞれ、現場それぞれ、会社それぞれ」となってしまい、討論や議論にそぐわないのである。

　それに対し、知識が抽象化・論理モデル化され、文脈を超えて一般に適用可能なものとなると、多数の人が文脈を無視して論理的に議論に参加できるようになる。

　たとえば「実は三角形の内角の和が１８０度ではないのではないか」といった説を主張する人がいても、（ユークリッド空間においては）平行線を引いてみることで、すぐに検証・反論できる。そして、その主張が、実は「いや、私が主張しているのは平行線の性質が変化する曲面の上での話である」と再反論されれば、なるほど前述の主張が正しいことが分かる。そして、非ユークリッド幾何学のような新たな数学の分野が拓けてくるのである。

このように、知識が抽象化・論理モデル化されるということは、裏返せば、反論されたり批判されたりする可能性が増すことともいえる。

そして、その先にあるのは科学である。

なぜならば、科学とは、反証可能性のある命題・言明を積み重ねていって、その命題・言明をデータで検証していくプロセスだからである。こうして、実際にさまざまな反論や批判、再反論や擁護などが蓄積されていくと、コンセプトはやがて科学的な理論となる。あるコンセプトを中心に、関連するさまざまなコンセプトが積み重ねられ、それを検証するデータも揃いはじめ、一つの確かな知識の体系になるのである。

さらに、そうして積み重ねられた理論の量と質が一定以上であれば、その理論はもはや新たな学問分野・学問領域と呼ばれるようになる。

このように、抽象化・論理モデル化された経営技術はやがてコンセプトになり、コンセプトに対して関連した別のコンセプトやデータが蓄積されていけばそれは理論になり、その先には一つの学問領域・学問分野として扱われる段階がくる。**コンセプトから理論、理論から学問領域までは、グラデーションになっているのだ。**

このように、文脈に依存した、いわばムラ社会的な経営技術は、コンセプト化されることによって別のコンセプトやデータの蓄積が進みやすくなる。抽象化・論理モデル化されることで、誰でも文脈を無視して論理的な議論に加わることができるし、文脈に依存せずに「どんなデータを収集すればよいか」も明らかになるためだ。

しかも、経営技術がコンセプトとなり、理論となり、学問領域となる場合、元の経営技術が優れていれば優れているほど、結果として社会が得る利益はより大きいものとなるだろう。**最初から優れていた経営技術に、別の経営技術が蓄積されて、より優れたものに変化していく**ことになるためだ。

経営学には本当にディシプリンがないのか

経営技術はやがてコンセプト、理論、学問領域へと発展していく。

このとき、経営学にはそもそもディシプリンがないという人と、いや経営学にもディシプリンはあるという人とが混在している。印象としては、「経営学にはディシプリンがない」あるいは「経営学は経済学・心理学・社会学からディシプリンを借りてきている」という主張をおこなう研究者の方が多いのではないだろうか。

なお、ここでディシプリンとは辞書的には「教義体系」や「理論体系」ということになるだろう。ようするに「学問内で共有された、一定の考え方や、研究手法の集まり」と説明しておくとよいのではないだろうか。

なお、よくいわれる経済学ディシプリンにしてみても、均衡概念を核として数式による演繹とデータによる帰納という特徴を持つ近代経済学が唯一というわけでもなく、経済思想史なども細々とであれ存在している。また、社会学にしても、ネットワーク分析のようにほぼ数式モデルで議論する領域と、ヨーロッパ大陸系の思想に近い社会学が存在しているため、ここにも唯一のディシプリンが存在しているわけではない。

つまり**経営学からみれば統一されたディシプリンがありそうな経済学や社会学にしても、唯一絶対のディシプリンがあるわけではない**。それでは、「経営学にディシプリンがない」という主張はいったい何を意味しているのだろうか。

ひとつには、経営現象は複雑であるため、数式とデータを使って明確な論理で議論を積み重ねづらいという意味であろう。あるいは、経営学独自で生みだした論理が少ないということかもしれない。ただし、すでにみてきたとおり経営学の理論は現在では多様に存在している。

また、経営学には、「数式とデータで議論できて、かつ一般的・抽象的な理論が少ない」という指摘もありうる。

だが、そうした指摘については大抵の場合、生産管理論の存在が忘れられている。生産管理論は、海外・国内のどんなビジネススクールにも設置してあるし、経営学関連領域の中では比較的独立しているマーケティングと違って、経営学の学会に所属する研究者が多い。

実際に、世界最大の経営学の学会である、Academy of Management（アメリカ経営学会）にも、生産管理分野が存在し、日本の生産管理論の研究者も筆者を含め、組織学会や日本経営学会等の経営学全般を扱う学会に入会している者が多い。

このとき、生産管理論は、発注管理から機械の故障率の計算、発注量のサプライチェーンでの変動などなどを数式で表現し議論する。そして、生産に必要なものを、必要なときに、必要なだけ揃えて、そのうえでコストを下げたりリスクを下げたり環境負荷を下げたりするという統一的な問題意識のもとで研究が蓄積されている。

発注量の変動が、まるでムチのしなりのように上流にいくほど大きくなる、「ブルウィップ効果」など、数式で表現できる上にデータで検証され、研究者が誰でも認めている現象も存在している。

そして、生産管理論で生みだされている知見の多くは生産管理独自のものだ。

もちろん、在庫の変動を物理学のブラウン運動で近似することはあるが、それは経済学でもおこなわれていることである。

こういうと、「生産管理論は工学ディシプリンだ」という反論もありうる。

もちろん経営工学と生産管理論の研究者が重複していることは間違いないのだが、工学ディシプリンという言葉を意識している生産管理論の研究者は筆者の知る限りほぼ皆無である。

そもそも、工学ディシプリンとは何だろうか。

もちろん、電気工学や機械工学の研究者は存在する。しかし、「自分は工学ディシプリンだ」という認識をしている工学系研究者に、筆者自身は会ったことがない。強いていえば、現象の説明に重きを置く理学的発想に対して、領域ごとの問題設定にもとづいて「それらの問題を解決できるならば数学でもデザインでもなんでも使う」という「工学的志向」「工学的発想」は比較的共通している。もちろん、この問題解決思考を工学ディシプリンと捉えることもできる。

その場合、やはり経営学にはディシプリンがあることになる。

経営学の研究者には国内・海外の差を問わず「企業経営の成果の差はどこから生まれるのか」という共通した問題意識があるからである。

そして、経営学はこうした問題意識にもとづいて設定された疑問に対して数学でもデザインでもなんでも使って答えていくからだ。多くの場合には、「経営成果に寄与するとされている、モチベーション向上に寄与する、施策は何か」などの形で、経営成果に寄与するものに寄与するものに寄与する……というようにより小さな問題へと細分化される。あるいは、「そもそも経営するとは何だったのか」というようにより根源的な問いにさかのぼるタイプの研究もある。

また「成果とは何か」「株価至上主義でよいのか」といったように、測定指標そのものを疑う場合もあるだろう。あるいは、大多数の企業経営や資本主義を批判して、経営成績・経営成果の差という考えそのものを否定する場合もある。ただしその場合も「企業経営の成果の差は、何らかの社会にとっての負のコストによって生まれる」という想定をしている場合が多く、社会にとっての正負どちらの影響を考慮しているかという違いはあれども、結局のところ「企業経営の成果の差はどこから生まれるのか」という疑問は共通している。

ようするに、**経営学には共通の問題意識があり、それにもとづいて使えるものは何でも使うと**

いうのは、すべての学問に共通なのである。それゆえに経営学にはディシプリンがあるともいえるし、すべての学問にはディシプリンなどないともいえる。

そもそも**すべての学問は、結局のところ理性にもとづいた哲学から生まれている**という大前提がある。

この節では、少し回り道して、経営学にはディシプリンがあるのかという疑問に答えることにした。こうした疑問に答えておかないと、次節以降の議論の意味がなくなるためである。

そして、およそすべての学問は理性に根差しているという意味では、哲学ディシプリンであってそれ以外は存在しないともいえるし、研究者に共通した問題意識があればすべての学問にはディシプリンがあるともいえる（実はこれはバートランド・ラッセル『哲学入門』の議論へのオマージュでもある）。

ただし、経営学において、人事から戦略からマーケティングから生産まで、ビジネスに関するあらゆる領域を横断する統一的な理論がないのは確かである。

この点は社会学も経営学と同様の状況にある。

一方で、経済学はかなりの部分に統一的な理論があり、答えのついたテキスト・教科書があるという違いが存在している。そして、経済学のように統一的な理論があることであらゆる領域の政策を立てやすく、またその政策について一定の共通理解の上で議論がしやすいのも事実である。

経営学について考えてみれば、もしビジネスに関するあらゆる分野を統一的に議論できる分析枠組みがあれば、それにもとづいてさまざまな経営施策を立案できるだろう。そして、多くの人の共通理解が存在すれば、論理的な批判や再反論がしやすい。

その結果として、企業経営はより効率化・健全化すると考えられる。すなわち、経営学において、統一的な理論の構築を目指すことによる社会的な意義は依然として存在している。

そしてそれは実現可能である。少なくとも筆者はそう考えている。

出発点は「ものづくり経営学」という、世界の中でも孤立しがちな日本の、その中でもほんの一部の研究者だけが取り組んでいる思考枠組みである。

おそらく「ものづくり」と出てきた瞬間に、これまでの筆者の論調もあいまって、「またものづくりか、もうゲンナリ」という方もいらっしゃるだろう。

しかし、この思考枠組みはネーミングが間違っているだけだ。

本当はこれを「理論経営学」や「数理経営学」と呼んでもよいし、「トポロジー経営学」や第5章でも触れた「イノベーションそれ自体のマネジメント理論」と呼称することもできる。

日本発ものづくり経営学の功罪

ものづくり経営学とは、製品の機能と構造の「つながり方の形」「トポロジー」である製品アーキテクチャに着目する考え方である。藤本隆宏『日本のもの造り哲学』（日本経済新聞出版）などにくわしい。

たとえば、パソコンには「入力する」「計算する」「出力する」といった機能があるが、そこにはそれぞれ「キーボード」「ＣＰＵ（中央演算処理装置）」「液晶ディスプレイ」といった構造が一対一で対応している。これ以外にも「音楽を聴く」とか「記憶させる」といったように、パソコンの機能を思い浮かべていただければ、不思議なほどそこに一対一対応する部品が思い浮かぶだろう（図21）。

実はこれは不思議でも何でもない。機能と構造とが一対一の関係になるように元から設計されているだけなのだ。

このとき、こうした一対一型のつながり方を「モジュラー」という。

**図21　ものづくり経営学における
モジュラー化・インテグラル化の概念図**

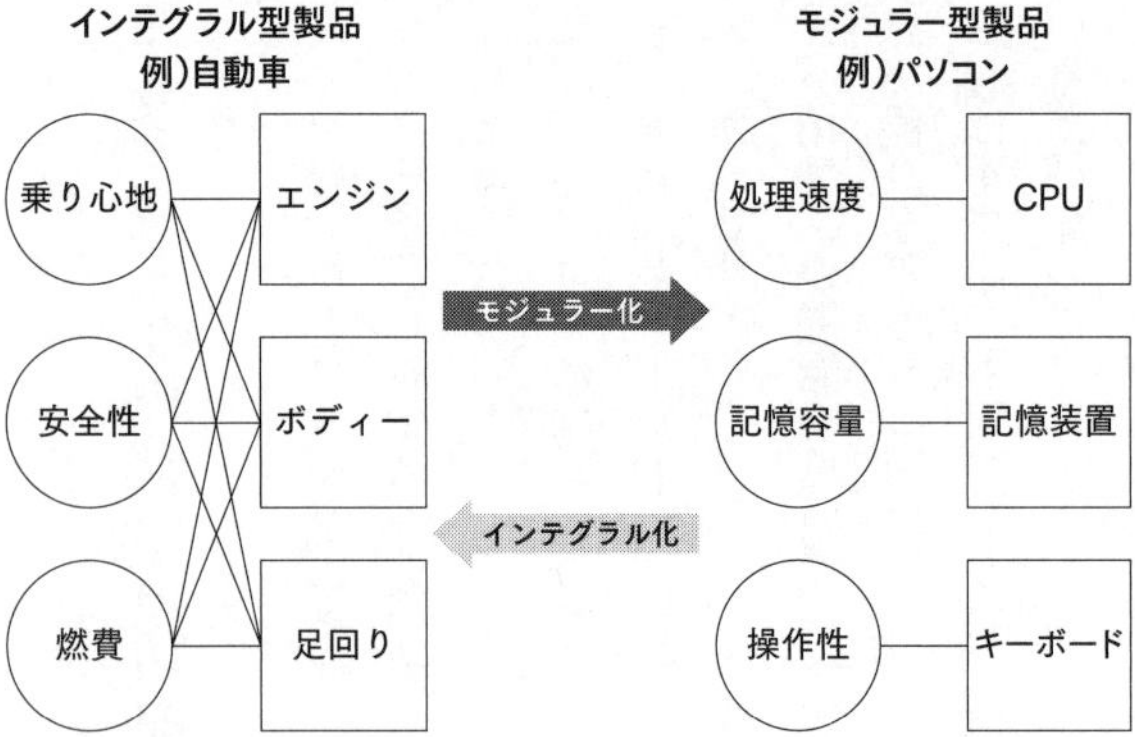

次に、同じことを自動車について考えてみる。自動車には「移動スピード」「燃費」「安全性」「運転のスムーズさ」などの機能があるだろう。このとき、これらの機能に対応する部品は「エンジン」「ボディー」「ステアリング」「シャフト」などなど、一対多関係であることが分かる。

自動車の安全性はボディーだけなくエンジンの位置や衝突時の落ち方などに影響されるし、燃費もエンジンだけでなくほぼすべての部品の重さに影響される。これ以外にも、「騒音」であるとか「乗り心地」など別の機能を思い浮かべてもらえると、大抵の場合に機能一つに多くの部品が関わることが分かるだろう。

こうした関係性を「インテグラル」という。

なお、機能の裏には設計の構造があるため、簡単な計算によって、構造と構造の対応関係を考えることもできる。

すなわち、一つの部品をいじると別の部品にどれくらい影響があるかということも、ものづくり経営学の考え方から予測できるのである。そして、製品の設計にあたって、製品アーキテクチャごとにそれぞれ適合的な組織があるとするのが、ものづくり経営学だ。

モジュラー型の製品開発の場合、部品レベルの開発の天才がそれぞれ存在すれば、その天才同士はコミュニケーション不足状態でもよい。部品同士の相互作用が少なく、別の部品の開発者との相互調整の必要性が乏しいためだ。一方で、インテグラル型の製品開発の場合には、その反対で、個々の部品の開発者同士の調整こそが重要になる。コミュニケーションが緊密な凡人の集団が、コミュニケーション不足の天才の集団に勝てるのである。

いわば**「ありきたりの個人の卓越した組織」**である。

ものづくり経営学は、現状では、こうした思考枠組みをビジネスのあらゆる分野に適用できるような段階ではない。しかし、以後に述べるように、現状の製品アーキテクチャの考え方と、資源とアイデアの滞留の理論とを統合することで、ものづくり経営学は経営一般の理論に変化するかもしれない。

まず、製品の構造と機能とのつながり方のほか、組織内のヒトとヒトとのつながり方、組織外のお客さんや販売店とのつながり方、サプライヤーとのつながり方を、すべてアーキテクチャとしてとらえる。そして、そこに資源やアイデアが流れていって、どこかに滞留ができたり、反対にどこかにアイデアや資源が枯渇している場所ができたりすると考えるのだ。

このとき、**企業や経済という大きなレベル（マクロ）でみると、資源の滞留が起こっている場所は、経営成績が良い企業**だといえるだろう。そうした組織には、他の組織と比べて、典型的にはカネという資源が集中しているからだ。

そして、マクロでみて資源の滞留が起こっている場所を、より詳細にみてみることもできる。すると今度は、**資源が集中している組織内でのミクロな資源とアイデアの流れは、他の組織と比べてスムーズだということが判明**するだろう。良いアイデアに適切な資源が配分されて、市場で評価されるイノベーションが生まれるからこそ、その企業に売上や投資という形でカネが流入するためである。

たとえば、資源とアイデアの結合において無駄や失敗を出さないというのが生産だ。そして、資源とアイデアの結合途中である半製品・仕掛品が滞留しているのが生産の失敗である。また、資源とアイデアの結合によって生まれた製品が、その製品を評価する人のもとに届くのがマーケティングであり、製品が店頭に滞留してしまうのがマーケティングの失敗だ。

あるいは、組織目標に合致したアイデアを生みだせるヒトを採用するのが人事であり、そのヒトの才能を活かせず、アイデアがそのヒトの頭の中にのみ滞留してしまうのが人事の失敗ともいえよう。

そして、資源とアイデアの流れは、ヒトやモノとのつながり方によってコントロールされる。そのため、企業の経営成績は、組織や製品のアーキテクチャによって影響されるだろう。逆にいえば、資源とアイデアの流れを管理するという思考枠組みと、そのための具体的な手法を学べば、効果的な経営ができるのではないかと考えられる。

こうして、ものづくり経営学はアイデアと資源の滞留の理論と統合することで、経営一般を統一的に論じることができる理論になりうる。ものづくり経営学には、こうした功があると考える。

一方で、これまでものづくり経営学は「ものづくり」というネーミングによって、どこまでいっても一般化できない製造現場だけで通用する理論と思われてしまうおそれがあった。これがものづくり経営学の罪である。本当は、ものづくり経営学は理論経営学などの名前でもよい、経営一般について示唆を与えてくれる理論になりうるのである。

ただし、ここでの試みはいまだ発展途上だ。

この節で示した経営一般についての理論を、ものづくり経営学と滞留の理論とを結合しながら構築するには、今後筆者自身が解決していくべき課題が山積みである。

しかし、現状のラフなスケッチの状態でも、この理論は経営のミクロとマクロをつなぎ、さらに生産からマーケティングまでどんな分野にでも応用可能であることが分かる。この分野はこれから大きく発展する可能性があると筆者は考える。

そして、それができるのは、次に述べるように、「日本だからこそ」だ。

日本だからこそできること

日本企業はこれまでモノや情報の流れに着目してさまざまな経営技術を開発してきた。リーン生産方式もアジャイル開発方式もこうした経営技術から発展してきたものである。そして、日本企業の研究を通じて、日本発の経営理論の一つとしてものづくり経営学という分野も生まれた。

このものづくり経営学と、本書で提示した「カイゼン・イノベーション」「イノベーションそれ自体のマネジメント」「資源とアイデアの滞留理論」とが統合されることで、生産管理を超えて経営一般を統一的に論じる論理的な枠組みが生みだせるかもしれない。

もちろん、こうした道筋以外にも、ものづくり経営学やカイゼン・イノベーションとはまったく別の分野からこうした理論が生まれる可能性がある。むしろ、研究者の数から考えれば、別の道筋のほうが確率は高いかもしれない。

どのような道をたどるにせよ、こうした経営一般を統一的に論じる理論が生まれるには、日本のような環境が必要である。

なぜなら、第一に、研究者側の問題で、日本は短期的な研究プレッシャーがアメリカにくらべて弱い。ここには「現在までのところ」という限定がつくが、毎年決まったジャーナルに掲載しなければいけないという圧力はないに等しい。そのため、じっくりと関連研究を精読しながら、試論的な研究内容を自分と相性のよいジャーナルに定期的に掲載しつつ、体系的な理論ができ上がったところで一気にそれを書籍として日本および世界に発信するといったことが可能である。

また、その途中で、理論をＩＴシステム等に実装してみたり、理論を分かりやすく解説した一般書を出版したりすることも比較的自由である。これは、特定のジャーナルに掲載し続けないと職がなくなってしまうアメリカでは、採用しづらい研究戦略である。小川進『世界標準研究を発信した日本人経営学者たち』（白桃書房）が指摘しているように、日本発の世界標準の経営学者の多くは書籍を通じて世界から認知されたという事実もある。

第二に、日本の経営学は実務界との関わりが非常に深いという点が挙げられる。日本では、一般社団法人経営研究所や公益財団法人日本生産性本部など、経済界のトップリーダーと経営学界とをつなぐ組織が長らく存在してきた。たとえば、日本生産性本部が提供するビジネスリーダー養成講座である経営アカデミーは、野中郁次郎名誉学長（当時）と榊原清則（故人）学長の下、経団連加盟企業の会長・社長を各コースの委員長として、大学に所属する研究者がコーディネーターや講師として参加する形をとっている。

アメリカに比べて日本では、実務界と経営学界との関係が深い証左として、取締役会構成も参考になるかもしれない。たとえばアメリカのフォーチュン５００のデータから２０２０年3月時点での時価総額トップ10と利益額トップ10の企業をそれぞれ選んでみる。すると、これらの会社の取締役会の中に大学所属の経営学者は一人もいないことが分かる。

経営学者どころか経済学者も会計学者もいない。

グーグルの親会社であるアルファベットに、情報理工学系の研究者が2名、医療系企業に研究医が数名いるのみである。そもそもアメリカの取締役会は他社のＣＥＯや元ＣＥＯばかりで弁護士や公認会計士さえもほぼゼロである（ただし、ＭＢＡやＰｈ．Ｄ．取得者は比較的多い）。

これに対して、日本の時価総額トップ10や利益額トップ10企業には、重複があるとはいえ19人の大学所属の研究者が名前を連ねており、経営学・会計学・経済学・法学などの社会科学系の研究者がそのうち半数近くを占める。

なお、日本監査役協会が２０１９年に公開した「役員等の構成の変化などに関する第19回インターネット・アンケート集計結果」によれば、上場企業の社外取締役全体の８％近く、社外監査役全体の４％近くが大学に所属する研究者となっている。

もちろん、社外役員が経営にどれだけの影響を与えられるかは未知数ではある。それでも、役員に社会科学系の研究者がまったく入っていないという状態よりは、社会科学の知見を経営実務に活かしてもらえる余地がある。また、取締役会でのみ扱われる企業経営の生のデータが経営学界で活用される余地もある。

ただし、これらはまだ「可能性」や「余地」である。いまだ、日本企業と日本の経営学界が共同で企業経営に関する統一理論を構築する体制はできていない。

日本には可能性がある。しかし、その可能性をこれから育てていけるかどうかは日本の産官学の取り組み方にかかっているといえるだろう。

おわりに：日本式経営は「これから」だ

日本の経営は過去の一時期、世界を席巻した。

しかし現在では、こうした過去を知る者は少なくなってきた。そして、**日本の経営がすべてダメだといわんばかりの悲観論・自虐が蔓延**したのである。そうした中で、もともと日本企業の経営技術に根差していたコンセプトがアメリカ経由で世界中に広まり、日本に逆輸入されるといった状況が生みだされてしまった。

本書はこうした状況を**「経営技術の逆輸入」**と呼んだ。

こうした逆輸入状況によって、日本の産官学が**「強みを捨て、弱みを海外から取り入れる」という失敗**をおかす可能性もあった。

そして、経営技術の逆輸入の前提として、世界中の企業が優れた経営技術を世界中から探し出す「経営技術のグローバル競争」が起こっていると指摘した。

日本は、生産や販売などのビジネス現場で地道に経営技術を生みだしてきたが、それをコンセプト化するという点では世界に比して後れをとってきた。それによって、すでに保持していたはずの知識をアメリカ発コンセプトにすげ替えて、これまで蓄積してきた経営技術を自らの手で破壊してしまう可能性があった。あるいは、コンセプト化によって得られたはずの経済的利益を失ってきた。

　日本がこうした状況におちいったのは、第一に、根拠なき悲観論や自虐的自己評価によって、アメリカ発コンセプトを適切に評価できないことにあった。第二に、これまで**日本企業や日本社会は、文脈に深く依存した緊密なコミュニケーションを強みにしてきた**ため、逆にいえば文脈に依存しない、誰にでも伝わるコミュニケーションを苦手としてきたことも、こうした状況をまねいた一因といえる。より具体的には、**抽象化・論理モデル化と、それを前提にした議論とを苦手にしてきた**のである。第三に、そもそもアメリカがコンセプト発信のプラットフォームをおさえてしまっているという理由もあるだろう。

　このとき、根拠なき悲観論は今日からでも脱却することができる。

　もともと根拠がないのなら、意識・認識を今日から意図的に変化させればいい。こうした変化のお手伝いのために、本書は、日本の経営技術が逆輸入されるほど本当は優れている（ものもある）ことを示してきた。

次に、抽象化・論理モデル化について、これも世界に追いつくのはそう難しくはないと考える。

抽象化・論理モデル化された議論の最たるものである数学についてみてみると、日本は世界でもかなり進んでいる国である。日本の数学教育はアメリカをはじめとする世界と比べても、中等教育で高等数学の初歩まで学ぶという意味では、先進的ともいえる。これだけで論証できるわけではないが、日本に住む人々の論理力が劣っているわけではないだろう。

問題は、個々人の論理力というよりも、企業や組織での具体的な現象を抽象化して議論するという、組織レベルの能力である。

組織内で、具体的な現象を一般的・抽象的なレベルで議論するときに、「具体的にはどういうことなんだ？」「そんな小難しいことを考えて何になるんだ？」という反応しか得られなければ、組織構成員に対する抽象化・論理モデル化のインセンティブは徐々になくなっていくだろう。どのような議論や提案が組織内で評価されるかによって、組織としての能力形成の方向は定まっていく。

そのため、日本の産官学が経営技術を抽象化・論理モデル化してコンセプトにまとめあげ、それを世界に発信するには、まずは**抽象的な議論を評価する制度や風土を作っていく必要がある。**

これについては、個々人の意識の問題である「根拠なき悲観論からの脱却」よりは時間がかかることが予想される。とはいえ、経営トップ層や官僚・研究者が意識的に取り組めば、不可能ではないだろう。

最後に、アメリカがコンセプト発信のプラットフォームをおさえてしまっているという点は、最も時間がかかる課題である。

経営技術をコンセプト化してフレームワークとして世界中に広めていく国際的なコンサルティング・ファームや、実務界と経営学界をつなぐ『ハーバード・ビジネス・レビュー』のような雑誌、そしてコンセプトから一歩進んだ理論の発信システムである国際学術誌や国際学会など、ほとんどがアメリカに握られてしまっている。

これらのすべてを追いかけて、日本発のコンセプト発信プラットフォームを全分野で構築するのはおそらく不可能であろう。

しかし、どこかの分野にしぼって日本発のコンセプト発信のプラットフォームを作りだすのは不可能ではない。たとえば「日本式経営」自体を一つのブランドにしてしまうという手もある。

ここで考えるべきは、経営戦略の基本は「その分野の成長率はどれくらいか」をきちんと見極めることであるということだ。成長率が高ければ、競争状況はまだまだ流動的だからだ。成長率が高いＩＴ分野で次々と既存の巨大企業がベンチャー企業に取って代わられているのは偶然ではなく、理論的に当然予想されることだ。

このとき、**経営技術・コンセプトの市場は拡大し続けており、成長率は高い**と述べた。そうだとすれば、**経営技術に関する競争状況はいまだ固定化されてはおらず、これから日本発の経営技術・コンセプトの発信プラットフォームが世界市場で存在感を増す可能性はまだある。**

日本の経営技術は、逆輸入的状況を脱却できるかもしれない。そして、機会損失を回避し、事業機会をつかみ、日本企業は復活できるかもしれないのだ。

さらに日本発の経営学を提案できるかもしれない。これらが可能になったとき、「日本の経営」は経営成績という意味でも、経営技術という意味でも、経営学という意味でも、世界をもう一度席巻することができるだろう。

それこそが本当の意味での「日本〝式〟経営の逆襲」である。

第6章への補足：価値創造の民主化という「解」

過去の日本式経営の強みだった「価値創造の民主化」には、**①人間が価値創造の主役だと考えて、②経営知識と経営意識を組織内で共有する**という特徴があった。

この①と②には相乗効果がある。すなわち、①経営者が「誰もが価値創造の主役」だと考える→組織の末端にまで経営教育をおこなう→実際に誰もが価値創造に貢献できるようになる→経営者がますます「誰もが価値創造の主役」だと考える→……という循環が起こると考えられる。こうして、この循環は「予言の自己成就」「信念の自己強化」のような機能を持つ。信念が実質をもたらし、その実質がまた信念を強化するのである。

しかも、この循環の①と②はどちらが最初でもよい。つまりは、**経営者起点でも、従業員起点でも、価値創造の民主化は可能**なのである。

この循環が始動すれば、「第2章への補足」で述べたとおり、日本企業の創造性は複利計算的に増大するはずだ。これにより、日本企業の成長性も上がり、価値創造に報いる形で従業員の給与も上がり、価値創造力を評価されて時価総額も上がると考えられる。

そんなに簡単ではないと思われる方のほうが大多数であろう。だが、誰に犠牲を強いることもなく、日本社会や日本企業という共同体の全体が豊かになり、しかも共同体の外部との競争には勝てる妙案がありうるなら、**閉塞感漂う日本の現状打破の道として真剣に取り組む価値がある**のではなかろうか。

もちろん、価値創造の民主化を阻む障害もある。その障害とは、「価値創造の民主化なんてできない」「従業員と経営者の両方が協力しあうなんて無理だ」「経営教育なんて無意味だ」といった数々の思い込みだ。

しかし、経営者という立場にある方、従業員という立場にある方のそれぞれに、次のように問いかけたい。

経営者の方々へ。家族に対して、従業員に対して、友人に対して「一緒に経営のことを考えてくれればどんなに気が楽か」と思ったことが一度もないと言えるだろうか。働くことが幸せにつながるという経営思考が広まらずに安易な強盗が頻発する世の中で、もしも災害や暴動などが起こったなら、困窮した非経営者たちがあなたの大切な人達を守ってくれる保証があるだろうか。

従業員の方々へ。経営者との対立激化の先に生活の豊かさはあるだろうか。自分の人生を経営していると捉え、経営者を惹きつければ、今より尊重されるのではないか。経営知識と経営意識を学び実践すれば、個人の業績が向上し、会社も成長し、給与と時間の余裕もできるという道があり得るなら、挑戦する価値は十分あるのではないだろうか。

　経営教育に関して、筆者は、小学校高学年から大人まで使える経営教育の教材（８万字の教育マニュアル、プリント、スライド）を33回分すべて著作権放棄で公開している(https://pando.life/keioiwao/article/93057)。

　また、価値創造の民主化の実現を目指し、小学校高学年から経営になじみのない大人まで物語を通じて経営の考え方を学べる、小説と教科書の２冊分が１冊になった『13歳からの経営の教科書：「ビジネス」と「生き抜く力」を学べる青春物語』（ＫＡＤＯＫＡＷＡ）を出版している。この本の小説部分は、ファンタジア大賞受賞のプロ作家霧友正規先生の監修を受けており、ライトノベルとしての品質も担保してある。

　さらに、人生経営に利用できる「問題解決の三角形」という手法も提案している（３１４ページの図22）。これは、本文にも登場しているゴールドラット博士の一連の著作の本質を、筆者なりにまとめたものである。

問題解決の三角形の具体的な使い方は、紙幅の関係から、先ほどのリンク先にある経営教育マニュアルを参照して頂くこととし、ここでは一例を挙げるにとどめる。

図23（３１５ページ）は、『13歳からの経営の教科書』小説部分において、主人公ヒロトが真面目な学級委員リンとの対立を解決した際の思考の例だ（ただし、物語を邪魔しないように、当該書籍ではこうした思考法を図示していない）。

駅前でジュースを売る／売らせないという対立は、解決不可能に思える。ここで悩むと苦しいばかりで、他人を責めるしかない。そこで、上位目標は何なのか、自分たちの究極の目標は何なのかを考える。すると、ヒロトもリンも「充実した学校生活」という共通目標に気付ける。**どんな人間も幸せになりたいという目標がある**以上、どこかの段階で、妥協ではない共通目標が見つかるのである。

次に、共通の目標があるのにジュースを売る／売らせないという対立が生まれた理由を探る。ジュースを売る／売らせないという対立から、共通目標「充実した学校生活」にいたる論理的な筋道と中間目標を明らかにすればよい。

その結果、「課外活動としてのビジネスが楽しい。確実にお客さんがいてビジネスが続けられる」「転売みたいで学校生活において望ましくない。もっと学校や社会にとって良いことをして欲しい」という二つが見つかる。

このとき、**解決の三角形を眺めれば、これまでにない解決策を思いつける**かもしれない。ヒロトは、この二つから「みんなで育てた野菜をリンの実家で売る」という転換を決めた。こうした対立解消を繰り返し、ヒロトは最終的に街に落ちているゴミを宝の山に変え、社会課題を大きく解決する。**対立解消を繰り返して、よりよい価値創造へと進んだ**のである。

まずはこの問題解決の三角形から、常に真の目標を考え続け、価値創造の障害となる様々な対立（個人の心の中の葛藤という対立、他人との対立など）をなくしていくマネジメントに慣れて頂くというのも一つの手かもしれない。

人類が誕生してから今まで、地球の重量はほぼ変化していない。だが、その間に人類社会はとてつもない発展をした。ほんの１００年前の人にとってさえ、現代人の生活は魔法の世界、空想の世界である。

人間が住む地球は有限だが、人間による価値創造は無限なのである。

図 22　問題解決の三角形

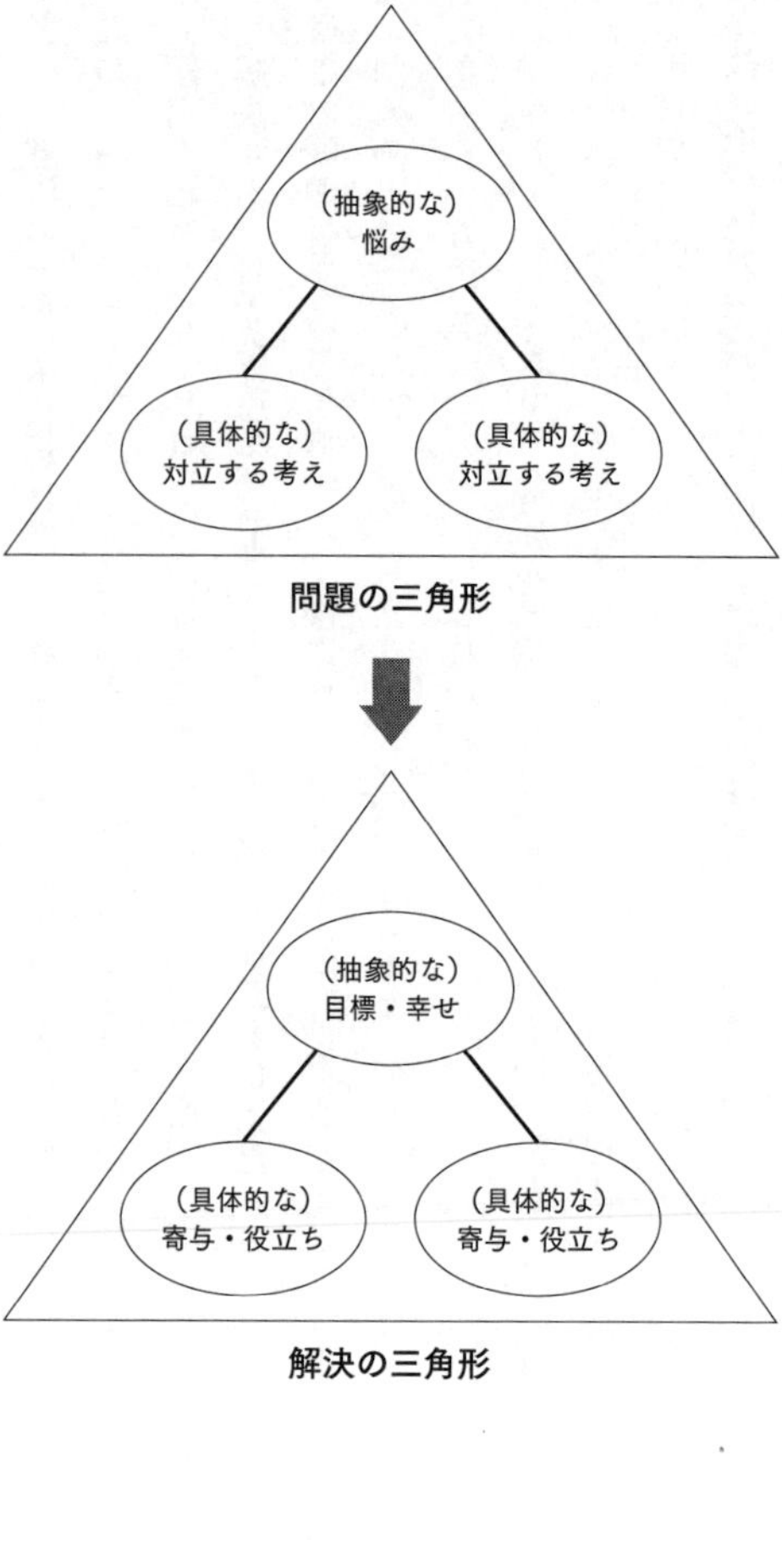

図23　『13歳からの経営の教科書』主人公ヒロトによるリンとの対立解消の思考法

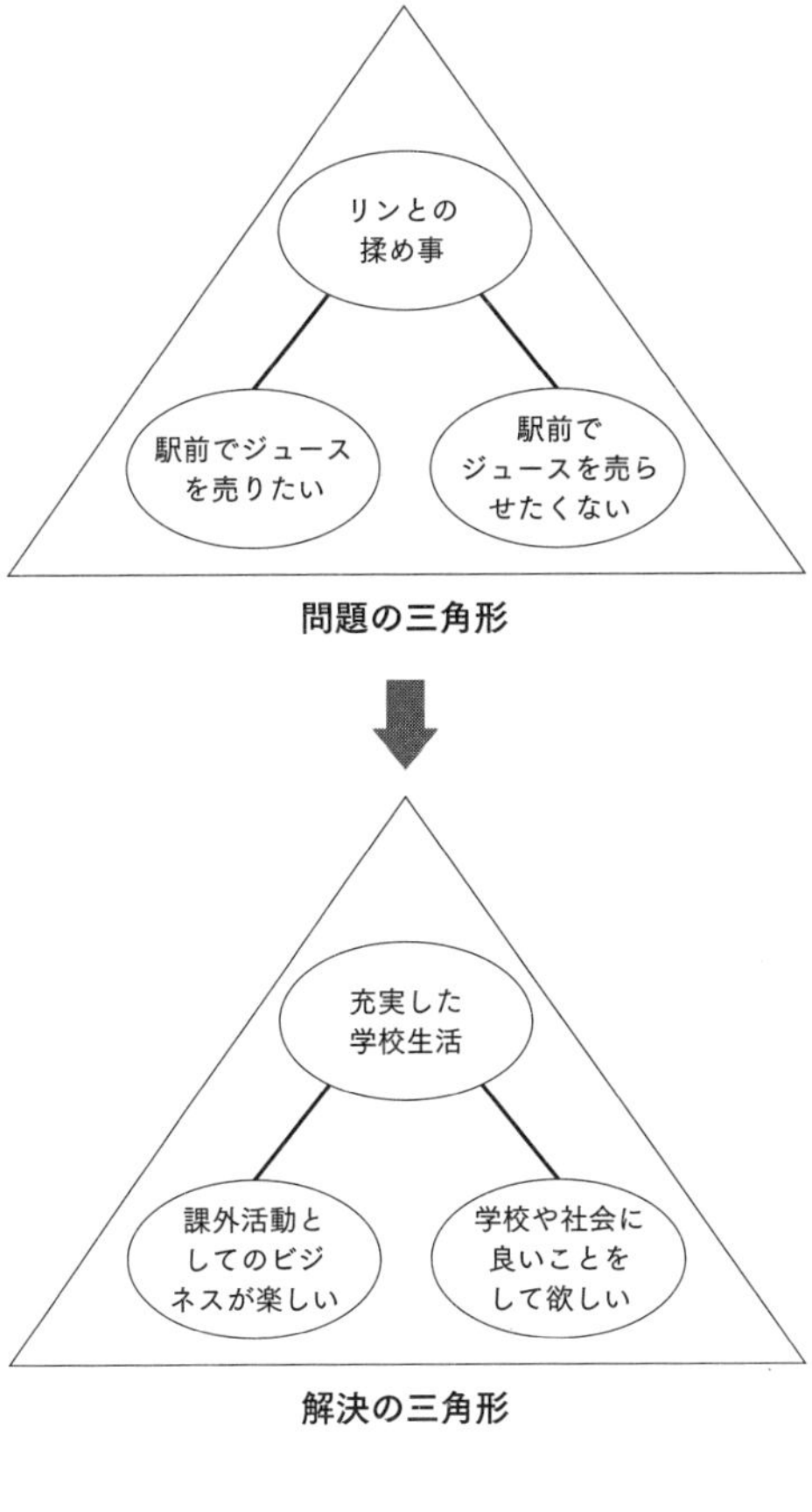

増補改訂版へのあとがき

この2年間は出会いの連続だった。

本書の出版に直接つながった出会いは光文社の高橋恒星氏と、『日本〝式〟経営の逆襲』の担当編集者で日経BPの平井修一氏と、筆者との出会いだった。

このうち高橋氏と筆者はどちらも平成生まれだ。つまり、日本式経営が上手くいっていた時期を、書籍等を通じてしか知らない世代である。日本に絶望している（と言われている）若者世代だともいえる。実際に、我々の同年代の友人たちには「外資系コンサルティング企業が日本の経営を学んでいた時期があるなんて冗談でしょ」という人も多い。

しかし、日本の資源と人材（アイデアの源泉）の両方が海外に流出する状況を、資源とアイデアの滞留についての研究者として、筆者は忸怩《じくじ》たる思いで眺めてきた。

今の日本は集団パニック的に「ヒトよりカネ」の名ばかり管理への道を突き進んでいないか、価値創造は無限なのに有限の資源に気を取られ共同体内で奪い合いをしていないか、有限のゼロサムだと考えるから「〇〇（高齢者、若年層、経営者、従業員など人によって別の言葉が入る）が全部悪い」という「他責の結論」に至るのではないか。

そんな思いでいっぱいになっていた。

筆者の提案する「価値創造の民主化」という解決策は地味だが実行可能性がある。すべての人が「人間こそが価値創造の主役であり、価値創造の障害となる対立を解消し続けるのが経営だ」という考えを持とう。すべての人が名実ともに価値創造の主役になろう。そのための経営教育が全国どこでも無償で受けられるようにしよう。それだけである。

最初は「人間こそが価値創造の主役であり、価値創造の障害となる対立を解消し続けるのが経営だ」というただの信念でよい。その信念の結果として、すべての人に開かれた経営教育が家庭・学校・職場でおこなわれて実際に価値創造力が向上すれば、実績が信念を強化するのである。

こうして信念と実績が互いに強化しあう循環が起これば、ヒトを大事にすることや、金融商品や土地ではなくヒトに投資することが実際に利益を生むようになるだろう。そうなれば、「ヒトよりカネ」の風潮から「カネよりヒト」への転換が合理的となる。しかも、令和における（昭和と同様の）インフレ下の経営は、間違いなく追い風になるだろう。これこそが、単なる懐古主義ではない、真の意味での「日本式経営の逆襲」への第一歩である。

筆者も、微力ではあるが、そのための経営教育教材の著作権放棄など、考え付く努力はすべて実行しているつもりである。

論理的にも、価値創造の民主化によって、日本は共同体内での公平感と共同体外との競争力を両立できるはずだ。もちろん一朝一夕では成し遂げられないだろう。しかし、これは着実に目指せる道である。

この2年間で、多くの理解者の方々と出会え、そうした出会いが筆者の心の支えになった。これまで交流がなかった方々との出会い、それらの方々からご紹介を受けた本との出会い、『日経ビジネス』『Ｗｅｄｇｅ』『読売新聞』をはじめとした雑誌や新聞への連載や寄稿の機会との出会い、日経テレ東大学をはじめとしたメディア出演という出会い、この2年間の多くの出会いは『日本〝式〟経営の逆襲』が繋いでくれたご縁である。

こうして、『日本〝式〟経営の逆襲』は、刷った分が売り切れて絶版状態となった。

そんな中で、大幅な増補改訂を加えた新書版の『日本〝式〟経営の逆襲』のご提案を下さったのが高橋氏だった。筆者としても、改訂前の『日本〝式〟経営の逆襲』の不十分さを認識していたため、このご提案はありがたかった。だが、日経ＢＰへの仁義を考えると、踏み切れないでいた（実は、一度はお断りしてしまった）。

しかし、高橋氏と筆者で、我々が生まれる前の日本式経営の強みの本質について語り合っているうちに、「絶望からは何も生まれない」という両者の想いが共鳴した気がした。その結果、日経ＢＰで刊行した単行本を光文社新書として出版することになった。こうしたわがままを許して下さった日経ＢＰの皆様、特に平井修一氏には感謝してもしきれない。

なお、改訂前の『日本〝式〟経営の逆襲』については、多くの方々に熱い議論の機会を頂いた。このうち2回以上の議論をおこない、かつ２０２１年時点では謝辞に記載できなかった方は、お名前の五十音順に次の通りである（組織内で複数人にお世話になった場合は代表者のみを記載）。

明治学院大学准教授赤松直樹先生、株式会社国際電気通信基礎技術研究所代表取締役社長・東京大学名誉教授浅見徹先生、株式会社イシカワ代表取締役社長石河勲氏、カリフォルニア大学サンディエゴ校教授ウリケ・シェーデ先生、『Ｗｅｄｇｅ』編集長大城慶吾氏、株式会社三菱総合研究所特別顧問（元取締役会長）大森京太氏、慶應義塾大学商学部長岡本大輔先生、株式会社ゴールドラットジャパンＣＥＯ岸良裕司氏、株式会社ミスミグループ本社第二期創業者三枝匡氏、合同会社アイティ・マネジメント研究所高木徹氏、株式会社マネジメントソリューションズ代表取締役社長高橋信也氏、アビームコンサルティング株式会社執行役員橘知志氏、株式会社匠ＢｕｓｉｎｅｓｓＰｌａｃｅ代表取締役会長萩本順三氏、株式会社豆蔵取締役ＣＴＯ羽生田栄一氏、ビジネスエンジニアリング株式会社代表取締役社長羽田雅一氏、文芸評論家浜崎洋介先生、価値創造フォーラム21第9代理事長早川吉春氏（故人）、株式会社リンクアンドモチベーション上席研究員林幸弘氏、株式会社永和システムマネジメント代表取締役平鍋健児氏、『日経ビジネス』副編集長広野彩子氏、京都大学教授藤井聡先生、ＣＨＦホールディングス株式会社代表取締役松下耕三氏、株式会社経世論研究所所長三橋貴明氏、ハンブル・マネジメント代表宮田一雄氏、日経ＢＰ総合研究所上席研究員三好敏氏、株式会社福岡情報ビジネスセンター代表取締役武藤元美氏、ゴール・システム・コンサルティング株式会社代表取締役村上悟氏、株式会社鳳代表取締役社長山中康弘氏、株式会社ドリーム・アーツ代表取締役社長山本孝昭氏、横浜国立大学准教授横澤公道先生。

1回限りの議論をおこなった方々は、この数十倍にもなるだろうか。

あらためて、これまで頂いたすべてのご縁に感謝申し上げる。

最後に、本書は筆者にとって、東京大学名誉教授・早稲田大学教授藤本隆宏先生との精神的共著であることを、改訂前の『日本〝式〟経営の逆襲』に引き続き、記載しておきたい。

「君は、人として生まれてきて、世の中に何を発信したいのか（「一語一会」『朝日新聞』2

023年7月20日夕刊)」という藤本先生から筆者に発された問いに、筆者は今も答え続けているだけなのかもしれない。

岩尾俊兵

参考文献

Abegglen, J. C. (1958). *The Japanese Factory: Aspects of Its Social Organization.* Glencoe, IL: Free Press.（ジェームス・C・アベグレン『日本の経営　新訳版』山岡洋一訳、日本経済新聞社、二〇〇四年）

Abegglen, J. C. (1973). *Management and Worker: The Japanese Solution.* Tokyo, Japan: Sophia University in Cooperation with Kodansha International.

Aoki, K. (2020). The Roles of Material Artifacts in Managing the Learning-Performance Paradox: The Kaizen Case. *Academy of Management Journal, 63* (4), 1266-1299.

新井康平『進化する生産管理会計』（中央経済社、二〇二〇年）。

Barnard, C. I. (1938). *The Functions of the Executive.* Boston, MA: Harvard University Press.（C・I・バーナード『経営者の役割』山本安次郎訳、ダイヤモンド社、一九六八年）

Birkinshaw, J., & Gupta, K. (2013). Clarifying the Distinctive Contribution of Ambidexterity to the Field of Organization Studies. *Academy of Management Perspectives, 27* (4), 287-298.

Carnerud, D., Jaca, C., & Bäckström, I. (2018). Kaizen and Continuous Improvement-Trends and Patterns over 30 years. *The TQM Journal, 30* (4), 371-390.

ヘンリー・チェスブロウ「Open Innovation: Has Its Time Come in Japan?」（『研究 技術 計画』第二五巻、二〇一〇年）。
Clark, K. B., & Fujimoto, T. (1991). *Product Development Performance: Strategy, Organization, and Management in the World Auto Industry.* Boston, MA: Harvard Business Press.（藤本隆宏、キム・B・クラーク『実証　製品開発力』田村明比古訳、ダイヤモンド社、一九九三年）
Cusumano, M. A. (1991). *Japan's Software Factories: A Challenge to U.S. Management.* New York, NY: Oxford University Press.（マイケル・A・クスマノ『日本のソフトウェア戦略』富沢宏之・藤井留美訳、三田出版会、一九九三年）
Dyer, J. H., & Singh, H. (1998). The Relational View: Cooperative Strategy and Sources of Interorganizational Competitive Advantage. *Academy of Management Review, 23* (4), 660–679.
藤本隆宏『生産システムの進化論：トヨタ自動車にみる組織能力と創発プロセス』（有斐閣、一九九七年）。
藤本隆宏『日本のもの造り哲学』（日本経済新聞出版社、二〇〇四年）。
Gibson, C. B., & Birkinshaw, J. (2004). The Antecedents, Consequences, and Mediating Role of Organizational Ambidexterity. *Academy of Management Journal, 47* (2), 209–226.
Glover, W. J., Farris, J. A., & Van Aken, E. M. (2014). Kaizen Events: Assessing the Existing Literature and Convergence of Practices. *Engineering Management Journal, 26* (1), 39–61.
Goldratt, E. M., & Cox, J. (1986). *The Goal: A Process of Ongoing Improvement.* New York, NY: North

River Press.（エリヤフ・ゴールドラット『ザ・ゴール』三本木亮訳、ダイヤモンド社、二〇〇一年）
Gunasekaran, A. (1999). Agile Manufacturing: A Framework for Research and Development. *International Journal of Production Economics, 62* (1), 87-105.
原田勉『知識転換の経営学―ナレッジ・インタラクションの構造』（東洋経済新報社、一九九九年）。
Henderson, B. D. (1986). The Logic of Kanban. *Journal of Business Strategy, 6* (3), 6-12.
今井正明『現場カイゼン：知恵と常識を使う低コストの現場づくり』（マグロウヒル・エデュケーション、二〇一一年）。
入山章栄『世界標準の経営理論』（ダイヤモンド社、二〇一九年）。
伊丹敬之『日本企業はどこで間違えたか』（東洋経済新報社、二〇二四年、近刊）。
岩尾俊兵『イノベーションを生む〝改善〟：自動車工場の改善活動と全社の組織設計』（有斐閣、二〇一九年）。
Iwao, S., & Marinov, M. (2018). Linking Continuous Improvement to Manufacturaling Performance. *Benchmarking: An International Journal. 25* (5), 1319-1332.
岩田龍子『日本的経営の編成原理』（文眞堂、一九七七年）。
菊澤研宗『成功する日本企業には「共通の本質」がある：「ダイナミック・ケイパビリティ」の経営学』（朝日新聞出版、二〇一九年）。
Krafcik, J. F. (1988). Triumph of the Lean Production System. *Sloan Management Review, 30* (1), 41-52.

Laloux, F. (2014). *Reinventing Organizations: A Guide to Creating Organizations Inspired by the Next Stage of Human Consciousness.* Brussels, Nelson Parker. （フレデリック・ラルー『ティール組織』鈴木立哉訳、英治出版、二〇一八年）

March, J. G. (1991). Exploration and Exploitation in Organizational Learning. *Organization Science, 2* (1), 71-87.

Mintzberg, H., & McHugh, A. (1985). Strategy Formation in an Adhocracy. *Administrative Science Quarterly, 30* (2), 160-197.

Nevins, J. L., Whitney, D. E. and Defazio, T. L. (1989) *Concurrent Design of Products and Processes: A Strategy for the Next Generation in Manufacturing.* New York, NY: McGraw-Hill.

西口敏宏『遠距離交際と近所づきあい：成功する組織ネットワーク戦略』（ＮＴＴ出版、二〇〇七年）。

Nishikawa, H., Schreier, M., & Ogawa, S. (2013). User-Generated Versus Designer-Generated Products: A Performance Assessment at Muji. *International Journal of Research in Marketing, 30* (2), 160-167.

野村政弘・澤田善次郎・星野裕・増澤洋一・藤本義治「ＱＲコード（２次元バーコード）の開発と生産管理」（『生産管理』第八巻、二〇〇二年）。

野中郁次郎『知識創造の経営：日本企業のエピステモロジー』（日本経済新聞社、一九九〇年）。

小川進『ＱＲコードの奇跡：モノづくり集団の発想転換が革新を生んだ』（東洋経済新報社、二〇二〇年）。

小川進『世界標準研究を発信した日本人経営学者たち：日本経営学革新史１９７６年－２０００年』（白桃

書房、二〇二一年）。

大野耐一『トヨタ生産方式：脱規模の経営をめざして』（ダイヤモンド社、一九七八年）。

O'Reilly III, C. A., & Tushman, M. L. (2013). Organizational Ambidexterity: Past, Present, and Future. *Academy of Management Perspectives, 27* (4), 324-338.

Ouchi, W. G. (1981). *Theory Z: How American Business Can Meet the Japanese Challenge.* New York, NY: Basic Books.（ウィリアム・G・オオウチ『セオリーZ』徳山二郎訳、CBS・ソニー出版、一九八一年）

Pascale, R.T. (1984). Perspectives on Strategy: The Real Story Behind Honda's Success. *California Management Review, 26* (3), 47-72.

Ries, E. (2011). *The Lean Startup: How Today's Entrepreneurs Use Continuous Innovation to Create Radically Successful Businesses.* New York, NY: Crown Business.（エリック・リース『リーン・スタートアップ』井口耕二訳、日経BP、二〇一二年）

三枝匡『戦略プロフェッショナル：競争逆転のドラマ』（ダイヤモンド社、一九九一年）。

三枝匡『戦略プロフェッショナル：シェア逆転の企業変革ドラマ』（日本経済新聞出版社、二〇〇二年）。

清水洋『野生化するイノベーション：日本経済「失われた20年」を超える』（新潮社、二〇一九年）。

Singh, J., & Singh, H. (2015). Continuous Improvement Philosophy–Literature Review and Directions. *Benchmarking: An International Journal, 22* (1), 75-119.

新郷重夫『トヨタ生産方式のＩＥ的考察』(日刊工業新聞社、一九八〇年)。

Stalk Jr, G., & Hout, T. M. (2003). *Competing against Time: How Time-based Competition Is Reshaping Global Markets.* New York, NY: Free Press. (ジョージ・ストーク、トーマス・ハウト『タイムベース競争戦略』中辻万治・川口恵一訳、ダイヤモンド社、一九九三年)

田口玄一『タグチメソッドわが発想法：なぜ私がアメリカを蘇らせた男なのか』(経済界、一九九九年)。

武石彰「オープン・イノベーション：成功のメカニズムと課題」(『一橋ビジネスレビュー』第六〇巻、二〇一二年)。

Takeuchi, H., & Nonaka, I. (1986). The New New Product Development Game. *Harvard Business Review, 64* (1), 137-146.

Teece, D. J., Pisano, G., & Shuen, A. (1997). Dynamic Capabilities and Strategic Management. *Strategic Management Journal, 18* (7), 509-533.

Tushman, M. L., & O'Reilly III, C. A. (1996). Ambidextrous Organizations: Managing Evolutionary and Revolutionary Change. *California Management Review, 38* (4), 8-29.

von Hippel, E. (2016). *Free Innovation.* Boston, MA: MIT Press. (エリック・フォン・ヒッペル『フリーイノベーション』鷲田祐一ほか訳、白桃書房、二〇一九年)

von Hippel, E., & Tyre, M. J. (1995). How Learning by Doing Is Done: Problem Identification in Novel Process Equipment. *Research Policy, 24* (1), 1-12.

Womack, J. P., Jones, D. T., & Roos, D. (1990). *The Machine That Changed The World.* New York, NY: Rawson Associates.（ジェームズ・P・ウォマック、ダニエル・T・ジョーンズ、ダニエル・ルース『リーン生産方式が、世界の自動車産業をこう変える』沢田博訳、経済界、一九九〇年）

本書は２０２１年６月に日本経済新聞出版社（現・日経BP）より刊行された『日本〝式〟経営の逆襲』に加筆・修正を施して新書化したものです。

岩尾俊兵（いわおしゅんぺい）

慶應義塾大学商学部准教授。1989年佐賀県生まれ。東京大学大学院経済学研究科マネジメント専攻博士課程修了、東京大学史上初の経営学博士号を授与され、2022年より現職。組織学会評議員、日本生産管理学会理事を歴任。第73回義塾賞、第36回・第37回組織学会高宮賞、第22回日本生産管理学会賞、第4回表現者賞等受賞。主な著書に『13歳からの経営の教科書』(KADOKAWA)、『日本“式”経営の逆襲』(日本経済新聞出版)、『イノベーションを生む“改善”』(有斐閣)、『Ambidextrous Global Strategy in the Era of Digital Transformation』（分担執筆、Springer）ほか。

日本企業《にほんきぎょう》はなぜ「強《つよ》み」を捨《す》てるのか

増補改訂版《ぞうほかいていばん》『日本《にほん》〝式《しき》〟経営《けいえい》の逆襲《ぎゃくしゅう》』

2023年10月30日初版1刷発行
2024年3月10日　5刷発行

著　者 —— 岩尾俊兵
発行者 —— 三宅貴久
装　幀 —— アラン・チャン
印刷所 —— 萩原印刷
製本所 —— ナショナル製本
発行所 —— 株式会社光文社
東京都文京区音羽1-16-6(〒112-8011)
https://www.kobunsha.com/
電　話 —— 編集部03(5395)8289　書籍販売部03(5395)8116
業務部03(5395)8125
メール —— sinsyo@kobunsha.com

　ISBN 978-4-334-10091-9

1255
定年前と定年後の働き方
サードエイジを生きる思考
石山恒貴

定年前と定年後の働き方は、個人の思考ひとつで大きく変わる――。この時期を、どう働き、どう過ごし、どう生きるのか。幸福な働き方を実現する思考法を、研究理論と実例から探る。

978-4-334-04662-0

1256
編集者の読書論
面白い本の見つけ方、教えます
駒井稔

古典新訳文庫創刊編集長が綴《つづ》る気取らぬ読書論。話題は海外の書店や出版社、作家、歴史的人物、古典、短編、児童書へと縦横無尽に広がり、未読の本の存在にわくわくすること間違いなし！

978-4-334-04663-7

1257
超遺伝子《スーパージーン》
藤原晴彦

生き物の不思議を司る超遺伝子。メスの一部だけが擬態するナガサキアゲハなど、ダーウィンとウォレスが残した謎を解き明かして見えてきた、遺伝学の新たなフロンティアに迫る。

978-4-334-04664-4

1258
理想の職場マネージメント
一軍監督の仕事
高津臣吾

個性豊かな選手がひとつの方向を向くチームをつくるには？セ・リーグ連覇、交流戦優勝、ゆとりローテーション、言葉の力――球界に革新を起こす名将が自らのマネージメント手法を語る。

978-4-334-04665-1

1259
参議院
倉山満

参議院を制する者が日本の政治を制する――。参議院とはいかなる存在なのか。誕生の背景から歴代政権のスタンス、そして現代日本政治まで、憲法学、政治学、歴史学の視点で検証。

978-4-334-04666-8

1260
東大生のジレンマ
エリートと最高学府の変容
中村正史

急増する休学者に、急進的な起業志向――保守的なはずの東大で、あえて「レール」を踏み外す学生が増えている理由とは? 激変する東大と東大生の「今」を、当事者たちの声が浮き彫りにする。

978-4-334-04667-5

1261
宇宙・0・無限大
谷口義明

私たちの想像が及ばないほど広大な宇宙は無限の大きさを持つのか。また、この宇宙に0となる物理量は存在するのか。シンプルながらも深遠な問いに天文学者が果敢に挑む一冊。

978-4-334-04668-2

1262
世界視点で読む
企業戦略とアート
上坂真人

なぜ世界のトップ企業は事業としてアートに投資するのか。日本には何が欠けているのか。ビジネスとしてのアートの役割と活用法を、豊富な事例とデータから分析・提言する。

978-4-334-04669-9

1263
教養を磨く
宇宙論、歴史観から、話術、人間力まで
田坂広志

哲学の究極の問い/「運命」とは何か/「人生百年時代」の覚悟/「死」とは何か/二一世紀の「利他主義」――教養とは答えの無い問いを問い続ける力。21世紀の「新たな教養」論。

978-4-334-04670-5

1264
戦時下のウクライナを歩く
岡野直

突如始まったロシアによるウクライナ侵攻。破壊された街で、失われた日常に、そこに生きる人たちは何を思うのか。ジャーナリストが歩いて、見て、聞いた、市民による〝戦い〟の記録。

978-4-334-04671-2

光文社新書

1265
アフガニスタンの素顔
「文明の十字路」の肖像
青木健太

カブール陥落から2年――タリバン統治の実態は？　女性の権利は？　和平実現への道筋は？　そして日本が果たすべき役割は？　激変するアフガニスタン社会を広く深くリポート。
978-4-334-04672-9

1266
生理痛は病気です
邱紅梅

「我慢してやり過ごす」はNG！　日本女性の生理が社会の犠牲になっていること、その先に待ち受けるリスクを解説。原因を根本から解決する「養生」の方法を中医学をベースに伝える。

978-4-334-04673-6

1267
ChatGPTの全貌
何がすごくて、何が危険なのか？

岡嶋裕史

ChatGPTと上手に付き合う方法を学び、その能力を最大限引き出すには？　基礎知識からクリエイティビティ、今後の進化、人類の未来への影響までわかりやすく解説。

978-4-334-10013-1

1268
アートとフェミニズムは誰のもの？
村上由鶴

「みんなのもの」になろうとするエネルギーを持っているアートとフェミニズム。両者に対する理解の断絶が進んでいる現在の状況に風穴を開けるには？　美学研究者による新しい試み。

978-4-334-10014-8

1269
不自由な社会で自由に生きる
「自由論」講義録
ウスビ・サコ編

社会は自由なように見えて、昔も今も違う形で不自由だ。宗教、表現、芸術、性、公共、そして私自身――。私たちを縛るものを知り、自由をつかみとるための8つのレッスン。

978-4-334-10015-5

1270
まんが 押川先生、「抗がん剤は危ない」って本当ですか？
押川勝太郎 おちゃずけ

怖いのは、闘う相手の正体を知らないから――治療の不安、医師との関係、お金、患者会、食事、周囲の人の心得など様々な疑問に、YouTubeで活躍の腫瘍内科医がまんがで答えます。

978-4-334-10016-2

1271
結婚しても一人
自分の人生を生ききる
下重暁子

しょせん、夫婦は他人――。大事なことは「求めない」「期待しない」etc. 夫婦がストレスなく暮らしていくためのヒントとは。50年続いた結婚生活と87年の人生を振り返りながら綴る。

978-4-334-10017-9

1272
日本のコミュニケーションを診る
遠慮・建前・気疲れ社会
パントー・フランチェスコ

本音と建前、過剰な遠慮、「キャラ」の空疎な会話。『アニメ療法《セラピー》』著者のイタリア人精神科医が、日本社会の独特なコミュニケーションによって心身を害する危険性に警鐘を鳴らす。

978-4-334-10066-7

1273
新書100冊
視野を広げる読書
高橋昌一郎

いま、何を読んでおくべきなのか？ 今日のニュースの背景から、あの学問の最先端まで。多彩な分野のエッセンスを、この1冊に凝縮。「知」の足場を築くための珠玉のブックガイド。

978-4-334-10067-4

1274
恋愛結婚の終焉
牛窪恵

恋人は欲しくない？ 恋愛は面倒？――でも、結婚はしたい!? 改善されない未婚化と少子化の真の原因はどこにあるのか。昭和の常識から脱却し、「共創結婚」の重要性を検証・提案する。

978-4-334-10068-1

1275
朝、起きられない病
起立性調節障害と栄養の関係

今西康次

「だるさや頭痛、吐き気で起きられない」…中高生の1割が悩む起立性調節障害を栄養の観点から治療・改善させている医師が、発達に必要な栄養や周囲の対応について症例を交え解説。

978-4-334-10069-8

1276
人事変革ストーリー
個と組織「共進化」の時代

髙倉千春

個が活きる組織とは——。複数の外資企業や日本企業で戦略人事や人事制度改革に取り組んできた人事のプロフェッショナルが、これからの日本企業に求められる「新たな知恵」を示す。

978-4-334-10088-9

1277
愛とラブソングの哲学

源河亨

この世はなぜラブソングであふれている⁉︎ 共感できるから？ 愛が普遍的だから？ 生物学・脳科学・歴史学・社会学など様々な学問を駆使して、哲学研究者が問いの答えに迫る。

978-4-334-10089-6

1278
ワクチンを学び直す

岩田健太郎

効果、安全性、種類、活用法——最新の動きに加え、予防接種制度や海外のワクチンも含めたワクチン接種の全体像を、感染症の専門家が分かりやすく解説。今こそ、正しい知識を！

978-4-334-10090-2

1279
日本企業はなぜ「強み」を捨てるのか
増補改訂版『日本〝式〟経営の逆襲』

岩尾俊兵

「カネよりヒト」のスタイルこそ日本企業の強みだったが、自らその姿勢を手放してしまったのはなぜか。東大初の経営学博士号を取得した気鋭の経営学者が説く、日本経済復活への道。

978-4-334-10091-9